遥控模型飞机系列

遥控模型飞机入门新编

吕 涛 编著

航空工业出版社
北 京

内 容 提 要

本书详细介绍了遥控模型飞机的基本结构、选购、组装、操纵、保养与维修等内容，语言通俗易懂，同时配有大量图片，帮助读者清楚地了解遥控模型飞机。本书是一本图文并茂、简洁明了、快速实用的遥控模型飞机入门教材。

本书适合广大遥控模型飞机的爱好者阅读与参考，尤其适合对遥控模型飞机感兴趣的初级人员参考使用。

图书在版编目（CIP）数据

遥控模型飞机入门新编／吕涛编著．--北京：航空工业出版社，2016.2（2021.1重印）
（遥控模型飞机系列）
ISBN 978-7-5165-0965-4

Ⅰ．①遥… Ⅱ．①吕… Ⅲ．①遥控飞行—模型飞机（航空模型运动）Ⅳ．①G875.3

中国版本图书馆CIP数据核字（2016）第019812号

遥控模型飞机入门新编
Yaokong Moxing Feiji Rumen Xinbian

航空工业出版社出版发行
（北京市朝阳区京顺路5号曙光大厦C座四层　100028）
发行部电话：010-85672683　010-85672663

三河市人民印务有限公司印刷	全国各地新华书店经售
2016年2月第1版	2021年1月第4次印刷
开本：787×1092　1/16	印张：8.25　字数：213千字
印数：13001—33000	定价：36.00元

PREFACE 自序

　　自少年时代起我就对模型飞机充满了浓厚的兴趣。当第一次看到模型飞机时，我就用各种材料"自行设计"了大量的"模型飞机"，但这之后一直与航空模型无缘，这也是童年时期的一大遗憾吧。俗话说逆境造就人才，越是不能满足自己的愿望，越是在逆境当中顽强地学习。在高中毕业后我终于有了自己的空间，终于可以弥补童年的遗憾了。但毕竟起步比起别人晚了很多，我高中时对模型飞机的了解恐怕比很多小学生多不了多少，只能用高强度的"补课"来弥补自己的不足。当时，北京的各大模型运动管理机构、少年宫、科技馆都是我常出没的场所，很多的航模专家、辅导员都是我请教的对象，即使是比自己年龄小得多的爱好者也不放过。当时我都不知道自己的问题怎么会那么多，问题为什么都稀奇古怪。最让人受不了的是我会拿同样的问题逐一问不同人去发现不同的见解，甚至连表面看上去极为浅显的问题我也要追着别人刨根问底，所以当时被人不屑一顾也就不足为奇了。我是个爱较真的人，一旦在知识上有疑惑就无法让它绕过自己。每天晚上入睡之前就成了自己"反思与冥想"的时间了，这时才是我真正的航模空间。由于问题太多，我只好把它们记在笔记本上，所有的问题大概记录了满满的三大本。有时问题多得担心自己记不住，冬天深夜一两点钟我会突然从床上跳起来找记录本的情况时有发生。由于这样的事情持续了几年的时间，因此，在我获得了大量宝贵知识的同时也获得了"神经衰弱"的"奖赏"，到现在为止，入睡困难仍然困扰着我。但是，在这几年中我的收获还是不小的，从最开始对航模可以说一无所知，到了解了国内外航模前后十几年的信息。航模活动的一大内容是制作，由于是业余爱好者，没有机会参加专业的活动，我的卧室就变成了自己的工作室，木料、泡沫遍布桌面床面的场景似乎成了正常现象。在当时，闻着各种涂料与胶水"芬芳的气息"，奋战在工作室的我全然不知什么是"苯污染""甲醛污染"，到现在，也找不出几件没有被涂料、胶水"光顾"的衣服来。虽然学习环境并不优越，但是我大长了见识，积累了大量经验。

　　业余时间很喜欢把自己的一些心得体会写出来，一方面是让自己加强认识，另一方面能让其他航模初学者少走些弯路，即使是文中存在问题和不同见解，也可以给爱好模型的朋友们提供一个批评、讨论、反思的平台。粗略算了一下，我已在国内的专业刊物上如《航空模型》《模型世界》等杂志发表的文章有70余篇。

　　我原本所学的专业是美术，但由于对航模活动的热爱，我还是努力为自己

PREFACE
自序

　　创造一个在航模活动方面工作的机会。从1999年起，我终于能以航模教师的身份在自己喜欢的岗位上工作了。以前一直不满意自己以业余学习的身份开始自己的航模生涯，现在发现，这样的学习经历对教学工作恰恰是优势。因为一般的航模运动员总是习惯从自己专业的角度审视模型问题，不了解业余爱好者尤其是初学者要了解的问题；而一般的业余爱好者也不容易以专业的标准掌控自己航模技术的规范性。由于自己是航模爱好者出身，后成长为专业航模工作者，在这条成长的路上，最能体会两者角色的感受。因此在航模活动的教学中，依靠自己特有的优势，把复杂的问题结合自己的理解、选择合适的教学方法变为浅显易懂的知识，可以使初学者更轻松地学习航模知识。

　　国内出版的航模刊物、书籍不是很多，其中有的因时代原因已不能适应当前需要，有的创意很好但并不了解读者的需求。很多年前我就酝酿着出版一本对初学者真正有实用价值的入门书籍，但当自己真的从事这一工作时才发现有多么辛苦。本书在内容上进行了认真筛选，把读者真正需要的内容留下来，书中字里行间都做到逐字逐句地反复推敲，以免误导读者，不好理解的内容用最实用的图片展示出来，做到通俗易懂、直观清晰。为了能给读者呈现出质量较好的图片，本人耗费了大量精力制作这些图片，其中很多朋友给予了有力的支持，在这里特别表示感谢！

　　本书在编写过程中，得到了雷虎科技股份有限公司、双叶电子科技开发（北京）有限公司、北京丰模世界模型专卖店的热心协助，在此一并表示感谢！

　　本书是《遥控模型飞机入门》的新编本，在原书内容上进行了丰富，增添了新的章节，并且更加紧扣目前航空模型运动的现状。原版《遥控模型飞机入门》一书在首次出版后半年内就重印了两次，并被选入"教育部2012年中小学图书馆推荐书目"，而且陆续收到了大量的读者反馈，几乎都是对本书的褒奖，借此机会向支持《遥控模型飞机入门》一书的朋友们表示感谢！

　　由于每个人的视角不同，书中难免还存在着不足之处，欢迎读者批评指正并及时与我交流（可发邮件至ltmodel75@163.com），以便在以后的修改过程中不断完善，希望通过大家的努力，呈现给初学者一本好书。总之，这本书出版的宗旨是希望能推动我国的航模运动发展，吸引并帮助更多的航模爱好者加入这项有趣的运动，这也是本书所有工作者的愿望与职责！

作者

CONTENTS

第一章　遥控模型飞机初识

一、模型飞机属于玩具吗，可以到玩具店购买吗 1
二、遥控模型飞机能飞多高、多快、多长时间 2
三、遥控模型飞机使用汽油作燃料吗 2
四、遥控模型飞机能用来载人吗 2
五、为什么遥控模型飞机按照说明书操纵仍然飞不起来，是质量问题吗 3
六、为什么遥控模型飞机摔下来就坏了，是质量问题吗 3
七、遥控模型飞机可以在马路上或小足球场上起飞吗 3
八、电动模型飞机比油动模型飞机价格便宜吗 3
九、最大和最小的遥控模型飞机什么样 3
十、遥控模型飞机一般是用什么材料制作的 5
十一、模型飞机比真飞机简单吗 5
十二、航模活动属于成年人还是青少年的运动 6

第二章　遥控模型飞机基础知识

一、模型飞机的种类 7
二、模型飞机常用专业术语 16
三、模型飞机的升力和翼型 20
四、机翼的平面形状 22
五、迎角 22
六、失速 22
七、模型飞机的平衡与稳定 23
八、模型飞机的图样 24

第三章　遥控模型飞机

一、遥控模型飞机的级别 27
二、如何购买遥控模型教练机 27
三、如何组装一架遥控模型飞机 31

第四章　模型飞机的动力系统

一、发动机的种类 50
二、两行程发动机的结构与组成 51
三、如何选择与购买一台发动机 51
四、发动机的清洗与磨合 52
五、发动机的使用与调整 58
六、四行程发动机的使用 60
七、发动机的燃料 61
八、发动机的螺旋桨 61
九、发动机电热塞 62

第五章　遥控模型飞机的遥控设备

一、遥控设备的种类 64
二、遥控设备的组成 64
三、如何选购一套遥控设备 66
四、遥控设备的使用 67
五、遥控设备的使用常识及注意事项 68
六、高级编程遥控设备的使用 74

第六章　遥控模型飞机的附属工具

一、起动类工具 81
二、维修调整类工具 83
三、材料类工具 89

第七章　遥控模型飞机的操纵与飞行

一、飞行场地的选择 91
二、模型飞机的控制原理 92
三、遥控模型飞机的基本飞行技术 93
四、操纵者的站姿与飞行空域 101
五、起飞程序 102
六、遥控模型飞机的调整 102
七、飞行的天气条件 104
八、遥控模型飞机的基本特技飞行技术 104

第八章　电动机、调速器、电池和充电器

一、电动机 110
二、无刷电机的调速器 112
三、模型飞机专用电池 115
四、充电器 116

第九章　遥控模型飞机的保养与维护

一、模型器材的保养 121
二、模型坠机后的处理 122

第一章
遥控模型飞机初识

航空模型运动（又叫航模活动）既是一项体育运动又是一项科技活动，还是一项有意义的成年人户外休闲运动。航空模型运动在国外一直被誉为"最高尚的户外运动"，足以看出航空模型运动在国际上受到的重视程度。小小的模型飞机[1]包含的知识有很多，涉及物理、数学、机械、艺术等多学科的知识，也让爱好者掌握了多种知识与技能，对培养个人修养、综合素质、动手技能都有非常大的作用。作为真飞机的飞行员只能体验驾驶的乐趣，而作为模型飞机的爱好者，却能体验到"设计、制作、操纵、竞技"等多种乐趣，集"飞行员、设计师、工程师、后勤保障"等多种角色于一身，这是其他活动难以相比的！

对模型飞机感兴趣的初学者，经常会提出一些对航模专业人士来说十分幼稚甚至是可笑的问题，但这些问题不仅很有意义，而且带有普遍性。下面是刚接触航模的爱好者提出的一些很有代表性的问题，现以问答形式呈现出来以供参考。

一、模型飞机属于玩具吗，可以到玩具店购买吗

答：模型飞机和玩具飞机有着本质差别。玩具只要按照产品说明书进行操作，任何人都可以操作；而模型飞机只有在掌握了专业知识和进行技术学习后才能驾驭，具有很强的专业性、技术性。模型飞机的基本结构和飞行原理与真飞机是相同的，可以说模型飞机是缩小的"飞机"，而玩具飞机属于"高级的玩具"。对于初学者来说，刚开始很难从外观上进行区分，但随着认识的不断加深，区分模型和玩具就变得比较容易。一般来说，可以根据以下几点对模型和玩具进行区分。

（1）外形尺寸。玩具飞机的外形尺寸一般比模型飞机小。大多数玩具飞机的翼展在1000mm以下，而模型飞机的翼展一般在1200~2000mm。这是因为玩具飞机要受到安全因素、制作成本等限制，产品尺寸一般不会太大。

（2）器材配置。大部分玩具飞机是以整套（包含遥控设备、零配件等）完全组装好的状态出售的（见图1-1），这是因为玩具飞机制造商要考虑购买者的技术水品、专业能力，因此尽量将产品做得操作简单。而模型飞机需要爱好者分别购置模型飞机、遥控设备、发动机等零部件，这是因为模型飞机爱好者的要求不同，分别购买能满足不同的性能要求。

图1-1 玩具飞机

（3）购买场所。一般情况下，玩具店就可以买到玩具飞机，而购买专业的模型飞

---

[1] 本书中如无特别说明，模型飞机指遥控模型飞机。

要到模型专卖店。这是因为大多数玩具店的经营者不具备模型的专业知识和操纵技术，很难提供专业的技术指导和售后服务。

（4）制作材料。大部分玩具飞机会采用泡沫塑料等抗冲击、不易损坏的材料，因为在飞行过程中总会出现碰撞情况，如果不采用抗损性能强的柔性材料，玩具飞机会很快被摔坏。而模型飞机要达到某些飞行性能会采用木质或玻璃钢、碳纤维等复合材料，这些材料都是比较容易损坏的，操纵要有专业技术！

（5）动力系统。大部分玩具飞机使用微型的直流永磁电动机作动力，而模型飞机通常使用发动机或大功率无刷电机作动力。因为前者生产成本低，而且没有太多的技术难度，而后者只有掌握了大量的技术要领才能进行操纵。

（6）性能要求。玩具飞机对飞行性能的要求比较低，一般只要能够飞起来，并可以进行简单的操纵就达到设计目的了，而模型飞机为了达到某些技术要求，如留空时间、特技性能等要具备出色的飞行性能。

上述是玩具飞机和模型飞机的一些常见的基本区别，但不是绝对的，有些可能没有明显的分界线，需要根据具体情况去区分。总之，对模型飞机知识了解越多，区分也就越容易。

二、遥控模型飞机能飞多高、多快、多长时间

答：遥控模型飞机的这几项性能是很让人震惊的，这恰恰证明了模型和玩具的差别。专业遥控模型飞机的世界纪录是：最大飞行高度8208m，最远直线飞行距离455.23km，最长留空时间33h39min15s，最快飞行速度343.92km/h，还有的模型飞机飞越了大西洋。这些飞行纪录都是在技术限定的情况下实现的，也就是说对模型飞机的尺寸、发动机工作容积等都是有严格限制的，遥控模型飞机一般最大飞行重量[①]不超过5kg、发动机最大工作容积不超过10cc[②]，如果没有技术上的限制，飞行性能不知会提高多少！

一般情况下遥控模型飞机可以在半径1~2km的半球形空域内飞行，最大半径主要是由遥控设备的收发距离决定的，正常情况下，模型飞机飞行半径是500~800m、飞行速度一般在80~150km/h、飞行时间在5~15min。飞行时间主要考虑操纵者的疲劳程度，每次飞行时间为5~15min是比较适宜的，虽然可以延长飞行时间，但在业余飞行中基本没有必要。

三、遥控模型飞机使用汽油作燃料吗

答：大多数旁观者都会认为模型飞机使用汽油作燃料，其实大多数模型飞机使用甲醇作为燃料。因为大部分模型飞机对结构重量是有要求的，如果模型飞机的结构重量过大，会给飞行带来很大的负担，而发动机的重量在整架模型当中占有不小的比例。甲醇发动机具有效率高、结构简单、重量轻的优点，因此大部分模型飞机使用甲醇发动机作动力，当然还有不少遥控模型飞机以电动机作动力。由于甲醇发动机的燃料使用成本比较高，因此大多用于中小型模型飞机，一般只有翼展超过2000mm的大型遥控模型飞机才会使用汽油发动机。

四、遥控模型飞机能用来载人吗

答：很多人都会问这样的问题，从理论上讲遥控飞机载人不是不可能实现的，但这超出了遥控模型飞机的定义范畴，也失去了模型飞机存在的意义！而且载人飞机会在安全方面有诸多的要求和措施。真飞机有模

[①] 本书中重量为质量概念，单位为g，kg等。
[②] 1cc=1mL。

型飞机无法胜任的性能，模型飞机也有真飞机无法完成的工作，两者属于完全不同的领域，不可相提并论。

五、为什么遥控模型飞机按照说明书操纵仍然飞不起来，是质量问题吗

答：遥控模型飞机的操纵具有很强的技术性，在一定程度上和操纵真飞机的技术没有本质的差异，需要专业教练手把手进行辅导，而且要进行大量的训练。不断提高操纵技术水平、积累技术经验，才能熟练地驾驭模型飞机。如果按说明书就想学会操纵，就等同于照着书本就想学会游泳！按照说明书进行操纵技术的学习只能是初步了解模型飞机操纵的技术要领，而不可能从根本上掌握操纵技术，最终还是需要大量的实践与训练，这是"人"的问题，与产品质量无关。

六、为什么遥控模型飞机摔下来就坏了，是质量问题吗

答：很多初学者都会埋怨模型飞机的质量有问题，首先他们都会考虑模型本身是不是不够坚固，质量是不是有问题。在这里问一个恐怕连摔坏模型飞机的操纵者自己都能解答了的问题："真飞机坠落时会不会摔坏，真汽车碰撞时会不会损坏，难道它们也不够结实，质量也不达标吗？"所以这不是产品质量的问题还是"人"的问题，如果操纵技术不过关，或出现机械故障而得不到及时的处理，再结实的模型飞机也会很快坏掉！

七、遥控模型飞机可以在马路上或小足球场上起飞吗

答：只要有足够长而且平坦的地面，模型飞机都可以起飞，但关键是飞行的场地是否足够空旷，因为模型飞机和真飞机的起飞、降落是一样的，都需要较长的滑跑和起降距离，如果四周没有足够空旷的空间，即使模型飞机能够滑跑并且离地起飞，也会在刚离地升空后撞到障碍物。因此模型飞机飞行的场地要有足够的飞行空域，尤其是起飞与降落的空域。换个例子，足球场再大，即使能停放真飞机，但也无法满足真飞机起飞降落吧？况且模型飞机的飞行有其危险性，模型飞机在飞行过程中和障碍物相碰撞，所受到的冲击力足以损坏模型，因此严禁在市区、人多的地带飞行。飞行空域也是宁大勿小，多留出余量以进一步保证安全问题。

八、电动模型飞机比油动模型飞机价格便宜吗

答：不一定！电动模型飞机不同于电动玩具，一般电动玩具使用直流永磁电机和普通电池，技术简单、成本低，而现今的电动模型飞机大多使用无刷电机和锂电池，它们的功率与性能都远远超过了前者，其中很多硬件技术指标都远远超过了一般的工业电器，因此价格不一定低廉。

九、最大和最小的遥控模型飞机什么样

答：目前，已知最大的遥控模型飞机是美国航模爱好者制作的B-29象真遥控模型飞机，其翼展达到8.9m，飞行重量达到了210kg，采用四台160cc汽油发动机（见图1-2）。在国外，经常可以看到翼展几米的模型飞机（见图1-3、图1-4、图1-5、图1-6）。最小的遥控模型飞机种类繁多，一般只有手掌大小（见图1-7、图1-8、图1-9、图1-10）。

图1-2　B-29象真遥控模型飞机

图1-6　模型飞机（四）

图1-3　模型飞机（一）

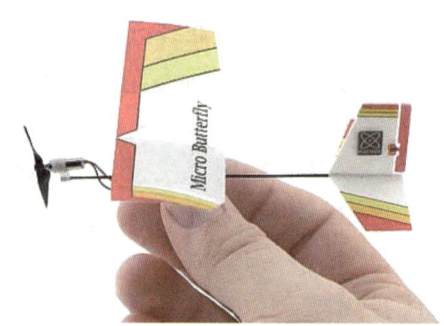

图1-7　小型模型飞机（一）

图1-4　模型飞机（二）

图1-8　小型模型飞机（二）

图1-5　模型飞机（三）

图1-9　小型模型飞机（三）

第一章 遥控模型飞机初识

图 1-10 小型模型飞机（四）

十、遥控模型飞机一般是用什么材料制作的

答：大多数模型飞机是用木质材料制作的，以轻木、桐木为主，配以少量的松木、层板，也有的模型采用玻璃钢或泡沫等复合材料制作，但由于外表喷漆或蒙制热缩膜，会被人误认为是塑料或金属材质的。其实，这些材料的性能不一定不如金属材料，很多木质材料的比强度甚至超过了铝镁合金和复合材料，而且木质材料易于加工，因此大部分模型飞机选择使用木质材料。真飞机既要考虑到性能要求还要考虑实用性，毕竟长时间在户外日晒雨淋，金属材料就发挥了优点，而模型飞机不用去面对这些苛刻的环境。历史上也有不少真飞机是使用木质材料生产的，最有代表性的就是英国德·哈维兰公司在第二次世界大战期间生产的"蚊"式轰炸机（见图1-11），几乎大部分结构都采用轻木制作！

图 1-11 "蚊"式轰炸机

十一、模型飞机比真飞机简单吗

就飞机结构的复杂程度而言，模型飞机比不上真飞机，但其基本结构和真飞机是没有本质差异的，可谓麻雀虽小五脏俱全，甚至在某些方面，模型飞机也有让人刮目相看的亮点。先看看模型飞机的发动机吧！在汽车里可能8缸发动机就算很了不起了吧？但是模型飞机里多缸发动机（见图1-12）并不罕见，目前已知汽缸数最多的有9缸4行程发动机，另外模型飞机中的动力装置还出现过转子发动机（见图1-13），象真模型飞机使用的涡轮喷气发动机（见图1-14）和真飞机发动机的工作原理及基本结构几乎是一样的！

图 1-12 多缸发动机（模型飞机用）

图 1-13 转子发动机（模型飞机用）

图1-14　涡轮喷气发动机（模型飞机用）

十二、航模活动属于成年人还是青少年的运动

目前，航模活动开展广泛并且积极发展的国家主要是西方发达国家。在这些国家航模活动不仅十分受重视，而且有广泛的群众基础，航模活动得到了社会各界的认可。但由于从事航模活动需要具备大量的专业知识和很强的动手能力，以及强健的体力和雄厚的资金支持，所以在国外从事航模活动的几乎全部是成年人。在中国，几乎所有从未接触过航模活动的人当第一眼看到模型飞机的时候，总习惯把它和儿童玩具挂钩，或是和青少年的课外活动联系起来，这可能与大多数人对航模活动不了解有关，当然也与中国国情有关。我国开展航模活动的体系基本受到苏联/俄罗斯航空运动的影响。苏联/俄罗斯培养航空航天人才的思路是培养青少年热爱航空事业的兴趣与投身航空事业的理想，主张"从模型到滑翔、从滑翔到飞行"的教育理念，挑选出一些简单易行的技术与竞赛活动推广到青少年当中。因此从人数规模上看，我国青少年航模爱好者占有更大比例；但专业的航模活动的技术难度以及理论知识往往是青少年的能力所不及的，因此它仍然是一项专业的成年人的运动！

模型飞机有很多飞行性能是真飞机很难做到的。比如，除少数专业运动机外，进入螺旋[①]是很多真飞机的梦魇，历史上有很多真飞机由于各种原因进入螺旋后无法改出而导致机毁人亡，后来很多飞机设计机构经常以螺旋的性能（避免因失速进入螺旋且进入也有机会改出）来评价一架飞机。而很多种类的模型飞机都可以轻松地做出螺旋动作，例如遥控特技模型飞机不仅能做出漂亮的螺旋动作，而且还能完成多种不同的螺旋动作并轻松放出。另外，在战场或者侦察中，如果靠真飞机执行任务可能会有较高的风险，而且有些场合无法让真飞机容身，此时，模型飞机就发挥了巨大的价值，出动模型飞机不仅降低了成本，也不会危及人身安全。由此可见，模型虽小，但结构以及飞行性能并没有我们想得那么简单！

---

① "螺旋"是在模型飞机中的叫法，对于真飞机应用"尾旋"，两者并不完全一致。

第二章 遥控模型飞机基础知识

一、模型飞机的种类

模型飞机是一个大家族，种类繁多，不同种类的模型飞机外观各不相同，为了区分不同性质的模型飞机，就需要对模型飞机进行分类。模型飞机的分类方法很多，目前常用的方法是根据模型飞机的比赛形式、结构布局、气动布局、动力方式等特点进行分类。

（一）按照模型飞机的比赛项目分类

这是最主要的一种分类方式。不同比赛项目的模型飞机的飞行性能、方式、用途各不相同，现列为国际比赛传统项目的模型飞机常见的有如下几种。

1. 自由飞类

顾名思义就是模型飞机在飞行中不能受人为操纵与控制，但运动员可以提前调整好模型飞机的预计飞行状态，模型飞机在出手后按预计的调整姿态自由飞行。自由飞类的模型飞机虽然看上去很简单，但它是各种模型飞机中很强调空气动力学知识、重视加工工艺、结构设计的一种，可以说，飞行上的先进技术和理论知识在这个项目上得到了充分的体现。自由飞类模型飞机一般翼展很大，通常在2000mm左右（见图2-1）。这类模型通常以滑翔机为主，尽管不能操纵，但优秀的模型如果遇到上升气流可以在空中连续飞行数小时，飞行区域也很大，因此常在一望无垠的旷野或草原上比赛（见图2-2），用自行车、摩托车去追赶、收回飞远的模型是常有的事（见图2-3、图2-4）！自由飞类的模型飞机常见的有如下几个项目。

图2-1 自由飞类模型飞机

图2-2 比赛场地

图2-3 比赛状况

图 2-4　比赛情形

（1）F1A 牵引模型滑翔机（见图 2-5）

这类模型本身没有动力，在机身下装有牵引钩，在起飞时，运动员用一根很长的牵引线牵引模型飞机，像放风筝一样起飞（见图 2-6），到达一定高度后，模型飞机脱离牵引线开始自由滑翔。

图 2-5　F1A 牵引模型滑翔机

图 2-6　牵引线牵引模型飞机起飞

（2）F1B 橡筋动力模型滑翔机（见图 2-7）

这类模型与牵引模型滑翔机结构相似，但最大的不同是带有动力，它以橡筋带动螺旋桨产生飞行动力（见图 2-8、图 2-9），待橡筋扭力释放完就转入自由的无动力滑翔状态。为了减小滑翔时的阻力，模型飞机的螺旋桨设计成可折叠式（见图 2-10），在动力飞行阶段由于离心力的作用螺旋桨展开，动力释放完后由于迎面阻力的作用螺旋桨折叠起来减小滑翔时的阻力。

图 2-7　F1B 橡筋动力模型滑翔机

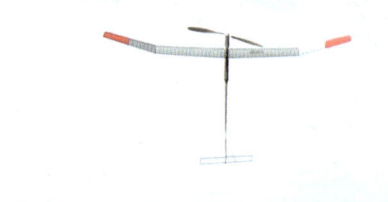

图 2-8　采用螺旋桨起飞（橡筋带动螺旋桨）

图2-9　橡筋带动螺旋桨

图2-10　可折叠式螺旋桨

（3）F1C发动机动力模型滑翔机（见图2-11）

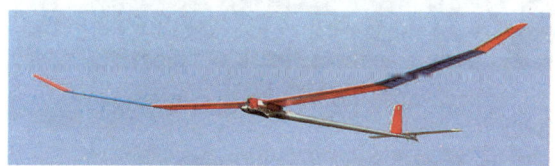

图2-11　F1C发动机动力模型滑翔机

这类模型和橡筋动力模型滑翔机十分相似，只是动力系统由橡筋动力改为了发动机动力（见图2-12）。

图2-12　采用螺旋桨起飞（发动机带动螺旋桨）

（4）F1D室内模型飞机（见图2-13）

这类模型飞机的重量极轻，有些甚至只有几克重，它只能在气流相对平静的场合如室内大厅或体育馆内飞行。由于重量轻，它飞得很慢，用肉眼就可以观察到螺旋桨转动，快走就能追上它。

图2-13　F1D室内模型飞机

2. 线操纵类

这种类型的模型飞机与自由飞类的模型飞机最大的区别是，线操纵模型飞机可以用细钢丝绳人为地对模型进行俯仰姿态的控制，但线操纵模型飞机只能以操纵者为中心在半球形空域内进行圆周飞行。尽管控制能力和飞行空域有限，但衍生出的几个项目也很吸引人。常见的有如下几个项目。

（1）F2A线操纵竞速模型飞机（见图2-14）

这类模型飞机的飞行速度很快，为了减小模型的飞行阻力，模型的外形通常做成不对称的结构。比赛时，将规定的时间内记录模型飞机的飞行圈数换算成模型飞机的飞行速度。

图2-14　F2A线操纵竞速模型飞机

（2）F2B线操纵特技模型飞机（见图2-15、图2-16）

这类模型飞机在空中飞行时可以由操纵者控制完成各种特技动作，根据完成特技动作的标准程度和优美程度打分，我国在此项目上一直占有国际领先地位。

图2-15　F2B线操纵特技模型飞机（一）

图2-16　F2B线操纵特技模型飞机（二）

（3）F2C线操纵小组竞速模型飞机（见图2-17）

图2-17　F2C线操纵小组竞速模型飞机

小组竞速模型飞机是三架模型飞机同时在场上飞行，这类模型飞机不仅飞行速度很快，而且在飞行中要多次加油（见图2-18）。比赛内容是在有效的时间内记录飞行圈数，每架模型都配有一名操纵手和一名机械师。

图2-18　F2C比赛情形

（4）F2D线操纵空战模型飞机（见图2-19）

图2-19　F2D线操纵空战模型飞机

两架这种模型飞机同时在空中飞行，每架模型的尾部都挂有一条彩色纸带，操纵者控制自己的模型，用螺旋桨去切断对方模型的彩带进行"空战"，切断对方彩带的次数越多得分越高，但由于是激烈的对抗项目，在"战斗"中模型飞机经常发生损伤，因此每名运动员准备的备用机也很多（见图2-20）。

图2-20　F2D比赛情形

3. 遥控类

遥控模型飞机是通过无线电遥控设备来对模型飞机进行远距离的控制。由于它可以象真飞机一样完成三维空间的飞行动作，具有象真性、技术性、趣味性，因此遥控模型飞机是目前世界航模运动的主流项目。

（1）F3A遥控特技模型飞机（见图2-21、图2-22）

这种模型飞机在空中飞行时要完成很多不同难度的特技动作，有些特技动作甚至连真飞机都难以完成。它是各种固定翼模型飞机项目中最具技术性的，也是世界最流行的项目之一。

图2-21　F3A遥控特技模型飞机（一）

图2-22　F3A遥控特技模型飞机（二）

（2）F3B遥控模型滑翔机（见图2-23）

这种模型飞机没有动力，必须依靠外力牵引起飞，但操纵者可以控制模型飞机的滑翔姿态，如果遇到上升气流，那么它可以在上升气流里长时间盘旋。它主要比赛模型的留空时间、飞行速度、定点降落。滑翔机的飞行不是严格意义上的飞行，应该称作"滑翔"，静气流里的叫"滑翔"，上升气流里的称作"翱翔"。如果说F3A是固定翼模型飞机项目中技术性的代表，那F3B可以说是技巧性和经验性的代表。为了达到优秀的滑翔能力，遥控滑翔机堪称是遥控模型中最强调空气动力学的机型。同时以滑翔机为平台，又衍生出不少其他项目，如电动滑翔机、山坡滑翔机、手掷滑翔机、火箭助推滑翔机等。

图2-23　F3B遥控模型滑翔机

（3）F3C遥控模型直升机（见图2-24、图2-25）

图2-24　F3C遥控模型直升机（一）

图2-25　F3C遥控模型直升机（二）

遥控模型直升机的飞行方式以及飞行原理和真直升机是相同的,而且遥控模型直升机可以做出很多真直升机无法完成的动作,它也是国际上最流行的项目之一。直升机的飞行特点和固定翼飞机相差较大,为了和固定翼飞机有所区别,一般将固定翼飞机统称"飞机"。

(4)F4C遥控象真模型飞机(见图2-26、图2-27、图2-28、图2-29、图2-30、图2-31)

图2-26 F4C遥控象真模型飞机(一)

图2-27 F4C遥控象真模型飞机(二)

图2-28 F4C遥控象真模型飞机(三)

图2-29 F4C遥控象真模型飞机(四)

图2-30 F4C遥控象真模型飞机(五)

图2-31 F4C遥控象真模型飞机(六)

这类模型飞机是按照真飞机的外形缩比制作的,要求外形和真飞机(原型机)一样或几乎一样,并且遵守一定的几何尺寸比例,它的飞行状态、控制方式、基本组成结构几乎都和真飞机相似。由于这个项目既有趣味性又有艺术性,加之飞行技术的难度不是太高,因此遥控象真模型飞机是目前世界各国航模爱好者使用最多的一种模型飞机。

上述都是国际比赛中常见的一些项目,但实际航模活动中的种类远比这些要丰富得多。

(二)按结构布局分类

这种方法主要是根据机翼位于机身的位置分类。因为机翼的安装位置对模型飞机的飞行性能有较大影响,尤其是模型飞机的横侧稳定性。一般可分为以下几种。

（1）上单翼模型飞机（见图2-32）。机翼在机身的上表面，也有人称它为"肩翼机"。因为上单翼模型飞机机翼靠上，重心位置相对较低，因此横侧稳定性较好，加上制作结构比较简单，常见的是初级遥控教练机。但由于上单翼模型飞机的外观不是很漂亮，因此现在已经很少有模型厂家愿意生产了。

图2-32　上单翼模型飞机

（2）高单翼模型飞机（见图2-33）。高单翼模型飞机和上单翼模型飞机的外形、结构基本相同，易将二者混淆，其实它们是有区别的。高单翼模型飞机是在上单翼模型飞机基础上将机翼抬高了，一方面横侧稳定性加强了，另一方面加高的部位模拟成飞机的座舱，不仅更美观，而且机舱容积更大，便于安放接收机、舵机等电子装置，因此近些年受到市场的眷顾，高单翼模型飞机几乎成了时下最流行的遥控教练模型飞机的主要样式。

图2-33　高单翼模型飞机

（3）下单翼模型飞机（见图2-34）。模型飞机采用下单翼布局的原因主要有两点：①有些象真模型飞机本身就是下单翼布局，必须按照原有外形进行制作。②有些初级遥控特技模型飞机为了追求较好的操纵性而特意降低横侧稳定性，采用了下单翼布局。

图2-34　下单翼象真模型飞机

（4）中单翼模型飞机（见图2-35）。中单翼模型飞机的机翼比较靠近机身轴线，因此稳定性和操纵性都比较均衡，是现今遥控特技模型飞机的流行样式，当然也有不少象真模型飞机本身就是中单翼布局（见图2-36）。

图2-35　中单翼模型飞机

图2-36　中单翼布局的象真模型飞机

（5）双翼模型飞机（见图2-37）。双翼机指的是机翼上下平行排列的一种布局方式。双翼机出现在飞机诞生的早期，那个时候发动机的功率有限，仅用单层机翼时要想在当时的飞行速度下产生足够的升力很困难，如果用加大飞机翼展和面积的办法，飞行时产生的载荷是机翼所无法承受的，因此当时采用双层机翼设计。那个时期不仅双翼机很多，甚至还有采用三层甚至更多层的（见图2-38）。双翼机的飞行阻力比较大，而且气动性能也不太好，因此当发动机功率提高以后几乎没有人再使用双翼机了，现在还在飞行的双翼机（真飞机）不是有低速飞行的要求，就是有怀旧情结，像双翼特技运动飞机中的"克里斯坦鹰"（见图2-39）和"蓝鹰"（见图2-40）就是个很好的例子。模型飞机中主要是象真模型飞机会采用双翼布局，另外，个别遥控特技模型飞机为了展示某些性能也会采用双翼布局（见图2-41）。

图2-37　双翼模型飞机

图2-38　三翼机

图2-39　双翼特技飞机"克里斯坦鹰"

图2-40　双翼特技飞机"蓝鹰"

图2-41　双翼模型飞机

（三）按气动布局分类

简单地说气动布局[①]指的是飞机的主要部件的选择与布置方式。一般的飞机由机身、机翼、水平尾翼、垂直尾翼等几部分组成，其中机翼位于水平尾翼之前。这种传统标准的布置方式称为常规布局或正常布局，而其余样式称为非常规布局。不同气动布局的飞机的飞行性能也是不同的，对于模型飞机也是一样的道理。常见的非常规气动布局主要有以下几种。

（1）鸭式布局（见图2-42）。这种布局的飞机水平尾翼被取消了，而在机翼的前方增加了一对前翼。采用鸭式布局的主要好处是前翼产生的升力都是有用升力，该种布局还可减小配平阻力，改善机动性和高速飞行性能。我国现今最有代表性的战斗机——歼10（见图2-43）就是典型的鸭式布局飞机。

---

① 也称为气动力布局。

图 2-42　鸭式布局

图 2-45　圆盘飞翼

图 2-43　歼 10

图 2-46　飞行薄板飞翼

（2）飞翼布局（见图 2-44）。不管是真飞机还是模型飞机，采用非常规布局时飞翼的形式是最多的了，因为飞翼有很多优点，结构简单、重量轻，因此有特殊需求的真飞机和模型飞机很多都采用飞翼布局。飞翼的缺点是稳定性不如常规布局好，因此飞翼的设计和调整很重要，调整不好的飞翼是无法飞行的。飞翼的衍生机型很多，在模型中，飞行圆盘（见图 2-45）、飞行薄板（见图 2-46）都是飞翼的变型。

（3）无尾布局（见图 2-47）。无尾布局和飞翼布局很相似，严格说飞翼是没有垂直尾翼的，但无尾飞机是具有垂直尾翼的，只是机翼的后掠角较大而且呈现三角形的特征。无尾飞机的方向稳定性要优于飞翼，但俯仰稳定性和操纵性与飞翼是接近的。

图 2-47　无尾布局

（4）串翼布局。串翼布局形式在飞机的设计中是比较少见的，以至于提起串翼机，大家能想到的几乎只有美国生产的民用小飞机——"魁基"（见图 2-48），在模型飞机中，这种布局形式也极为少见。

图 2-44　飞翼布局

图2-48 串翼机"魅基"

（5）三翼面布局。这种布局形式为一些比较注重敏捷的飞机所采用，最典型的真飞机便是苏-37（见图2-49）。采用三翼面布局的飞机操纵起来比较复杂，大部分此类飞机需要在机载计算机与飞控系统的帮助下进行操控。模型飞机中采用三翼面布局形式的较少，即使采用，由于操纵难度较大，大多数前翼是不可操纵的，只是作为装饰，有些可以被控制的，一般也是和水平尾翼进行联动，并且舵量不是很大，并不起主要作用。

图2-49 苏-37

（四）按用途分类

按照模型飞机的用途可以分成三个大类。①娱乐用模型飞机：这类模型飞机基本上是供业余爱好者娱乐休闲所用，模型飞机的档次、飞行性能可高可低，在级别规格上没有严格限制，从玩具飞机到一般的模型飞机都属于此类。②竞赛用模型飞机：主要是严格按照世界、国家、地方比赛要求，符合专业技术要求限制的竞赛级模型飞机。前面讲过的比赛模型飞机，基本上就是属于此类。③工业用模型飞机：这些模型飞机主要是用来完成科研等任务的，如侦察、航拍工作等。

（五）按发动机的数量分类

一般在模型飞机中采用一台发动机的比较多，称为单发模型飞机。单发模型飞机易于调整，出现的问题比较少。装有两台发动机的称为双发模型飞机。双发模型飞机调整比较麻烦，若两台发动机不匹配，就会产生不平衡力矩，给飞行带来不小负担。装有3台或以上的发动机称为多发模型飞机。

二、模型飞机常用专业术语

以下介绍的术语仅针对常规布局的模型飞机，见图2-50。

（1）机翼：产生主升力的翼面。飞机的飞行主要靠机翼产生的升力，升力大小又和飞行速度有关。飞行速度越快升力越大，飞行速度越慢升力也越小；当飞行速度使机翼产生的升力大于自身重力的时候，飞机才可能离地在空中飞行。

（2）水平尾翼：水平安放在机身后部的翼面，起俯仰稳定作用。水平尾翼面积越大，俯仰稳定性越好，反之则越差。常规的尾翼一般由两部分组成，前面固定不动的部分称为"安定面"，后面可操纵的部分称为"舵面"。

（3）垂直尾翼：垂直安放在机身后部的翼面，起方向稳定作用。垂直尾翼面积越大，方向稳定性越好，反之则越差。

（4）机身：连接机翼与尾翼的结构。对于大多数模型飞机来说，机身只是连接机翼与尾翼以及用于安放机载设备的结构，并不

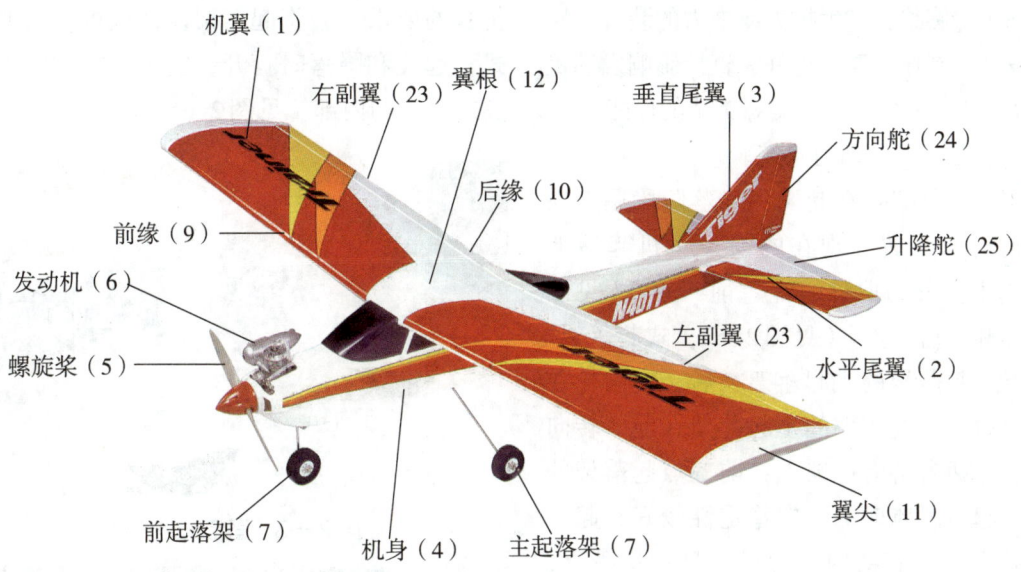

(a)

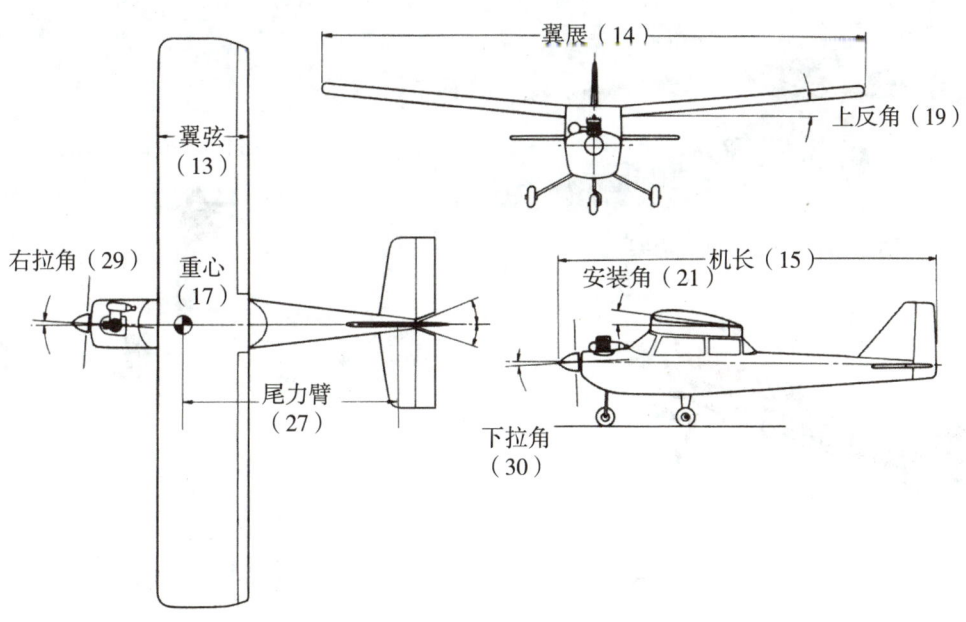

(b)

图2-50 常规布局的模型飞机

具备其他用途，只有在特殊情况下才有特定的功能，如特技模型飞机在侧飞动作时。

（5）螺旋桨：产生拉力或推力的装置。螺旋桨设计、制作、匹配得好坏直接影响发动机的效率，因此一定不要忽略螺旋桨的性能。

（6）发动机：动力系统。

（7）起落架：在起飞和降落阶段用来在地面滑行的装置。现在的模型飞机起落架的形式主要分为两种，即"前三点"（见图2-51）和"后三点"（见图2-52）式起落架。前三点式起落架的主起落架在后，转向轮在前。而后三点起落架的主起落架在前，转向轮在后。两者各有优缺点：前三点起落架的优点是起飞滑跑时的方向稳定性较好，起飞动作柔和，但其结构相对复杂且重量稍大，而且降落技术有一定难度；后三点式起落架的结构简单且重量相对较轻，但起飞滑跑时的稳定性不及前者。

装在机身或机翼比较坚固的部位。有的模型飞机为了减小空中飞行的阻力，或者是出于仿真的要求，会将起落架设计成可收放的形式，起飞和降落时打开，空中飞行时收到机翼或机身的内部（见图2-55）。

图 2-53　固定式起落架

图 2-54　收放式起落架

图 2-51　前三点式起落架

图 2-52　后三点式起落架

图 2-55　收放式起落架（飞行时收到机翼内）

起落架根据安装方式可分为固定式（见图2-53）和收放式（见图2-54）。一般简单的模型飞机为了简化起落架结构、减轻重量和降低成本会使用固定式起落架，起落架要

有些模型飞机由于起飞场地的原因还会采用其他形式的起落架，如水上飞机的浮筒式（见图2-56）或靶机的滑橇式起落架（见图2-57）等。

图 2-56 浮筒式起落架

图 2-57 滑橇式起落架

（8）翼型：机翼的剖面形状，是机翼产生升力的根本原因。不同的翼型产生的效果是不同的，因此不同性能和用途的模型飞机选用的翼型也各不相同，并不是产生的升力越大的翼型就越好。

（9）前缘：机翼前部的边缘。前缘的丰满度是以圆半径衡量的，前缘半径越大，前缘外形就越圆滑，具有这样前缘的翼型不容易失速，但飞行阻力也更大。

（10）后缘：机翼后部的边缘。后缘尖锐的翼型效率较高，但一般考虑到实用性，后缘太薄容易损伤，因此大部分模型飞机后缘要保持一定的厚度。

（11）翼尖：机翼两端的边缘。

（12）翼根：机翼中央的部位或者是单边机翼的根部。

（13）翼弦：机翼前缘到后缘的连线。它主要对模型飞机的设计和测量有实际意义。

（14）翼展：两翼尖之间的距离。翼展是衡量一架飞机大小的重要数据，因为一般模型飞机的几何尺寸都是和翼展呈一定的比例，所以了解了翼展的数据也就能粗略估算出模型飞机其他的数据了。

（15）机长：机身的总长度。对于模型飞机来说，机身长度有时并不明确，这主要在于机长是否包含了螺旋桨整流罩的尺寸，因为螺旋桨整流罩对飞行性能的影响不是很大，因此要想了解机身具体尺寸时需要依据图样或进行实测。

（16）升力：机翼在空气中快速运动而产生的向上举升的力，升力克服了模型飞机在飞行中的自身重力。

（17）重心：模型飞机重量的集中点。

（18）压力中心：机翼升力的集中点。压力中心和重心在垂直位置上重合的时候，模型飞机处于俯仰平衡状态；但模型飞机的压力中心的位置并不是固定不变的，一般情况下，模型飞机在抬头爬升时飞行迎角加大，压力中心前移；模型飞机在俯冲时飞行迎角减小，压力中心后移。

（19）上反角：机翼上翘的角度。上反角的大小直接影响着模型飞机的横侧稳定性。正常范围内，上反角越大模型飞机的横侧稳定性越好，反之则越差。因此，一般要求稳定性较好的自由飞类模型飞机和遥控模型教练机的上反角都较大，而要求操纵性好的遥控特技模型飞机上反角较小。

上反角的样式比较多（见图2-58），常见的有单折上反角、双折上反角、三折上反角、弧形上反角等。单折上反角 结构最简单，但提供的横侧稳定性相对较差；双折上反角横侧稳定性最好，但升力损失的也越大；上反角折数越多综合效果越好，既兼顾了稳定性也兼顾了升力效率，但是制作比较复杂，容易增加模型飞机的结构重量。

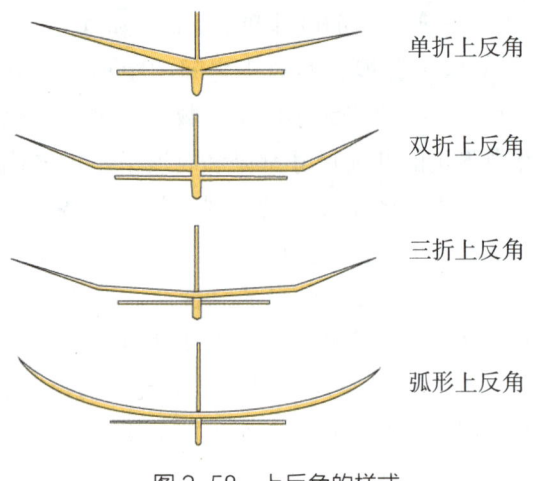

图 2-58　上反角的样式

（20）后掠角：机翼向后倾斜的角度。后掠角对横侧稳定性有一定影响。

（21）安装角：机翼安装在机身上，翼弦和机身轴线保持的夹角。

（22）迎角：飞行中翼弦和相对气流的夹角。

（23）副翼：机翼后缘外侧的活动舵面，控制飞机的横侧动作。

（24）方向舵：垂直尾翼后缘的活动舵面，控制飞机的方向动作。

（25）升降舵：水平尾翼后缘的活动舵面，控制飞机的俯仰动作。

（26）飞行重量：飞机起飞时的自身重量。最大飞行重量指模型飞机加满油时的重量。

（27）尾力臂：重心到水平尾翼前1/4翼弦的距离。尾力臂的长短对模型飞机的俯仰稳定性和方向稳定性都有重要影响。尾力臂越长俯仰稳定性和方向稳定性就越好，模型飞机飞行时就越稳定，反之则越差。

（28）襟翼：襟翼是机翼前后缘的活动舵面，通过改变张开的角度来改变机翼的升力。真飞机的襟翼形式有很多种，但有些结构十分复杂。模型飞机的襟翼一般只使用简单的后缘襟翼，通常安放在后缘内侧靠近翼根处（见图2-59、图2-60）。由于靠近副翼很容易被人误认为是副翼的一部分，但襟翼的两个舵面一般

较宽而且动作时方向是一致的，而副翼的两个舵面动作是相反的。有些模型飞机的遥控设备功能较多，可以利用电子程序使副翼兼顾襟翼的功能，而不需要单独的襟翼。

图 2-59　襟翼

图 2-60　襟翼设在翼根处

（29）右拉角：通常发动机带动螺旋桨逆时针转动，这就会对机身产生一个顺时针的反扭力，会造成飞机横滚偏转，将发动机向右偏置一定角度就能克服反扭力。

（30）下拉角：飞机升力源于翼型，但升力过大会使飞机在飞行过程不断抬头上升，最终失速坠机。将发动机向下偏置一定角度可消去多余升力。

三、模型飞机的升力和翼型

重于空气的飞机之所以能在空中飞行，主要取决于飞机机翼的剖面形状，机翼的剖面形状专业术语为翼型（见图2-61）。大多

数飞机的翼型都呈现为前缘圆滑丰满而后缘薄且平直并向上弯曲的形状,这种外形的机翼在空气中高速运动可以产生一股向上的"升力"(见图2-62),速度越快升力越大。当升力大于飞机自重的时候,飞机就可以脱离重力的作用在空中飞行了。全世界最大的飞机安-225运输机(见图2-63)重达600t,也是依靠升力的作用在空中飞行的。

图2-61 翼型

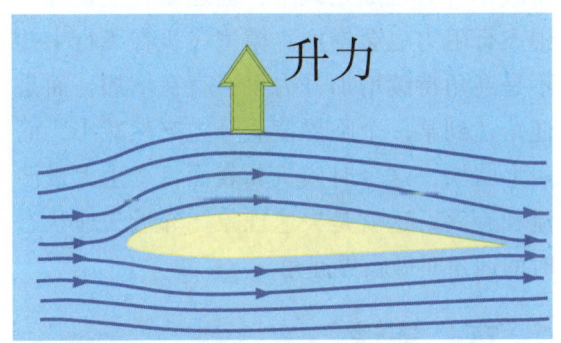

图2-62 机翼在空气中高速运动产生升力

图2-63 安-225运输机

不同类型的模型飞机由于要求的飞行性能不同,因此翼型的形状也不同,常见的翼型有以下几种。

(1)凹凸翼型(见图2-64(a))。这种翼型的弯度很大,因此升力最大,但同时阻力也是最大的,它常用于飞行速度较慢的自由飞类滑翔机模型。

(2)平凸翼型(见图2-64(b))。这种翼型的下表面平坦,升力和阻力比前者小,主要用于飞行速度较慢的初级遥控模型教练机。

(3)双凸翼型(见图2-64(c))。这种翼型和大部分真飞机的翼型相似,因此多用于遥控象真模型飞机。

(4)对称翼型(见图2-64(d))。这种翼型的升力和阻力都很小,主要用于遥控特技模型飞机。

(5)"S"翼型(见图2-64(e))。这种翼型好像横放的"S"形,它的稳定性很好,主要用于没有尾翼的模型飞机(见图2-65)。

(6)平板翼型(见图2-64(f))。这是一种非常简单的翼型,性能类似于对称翼型,它主要用于一些简单的模型飞机的尾翼。

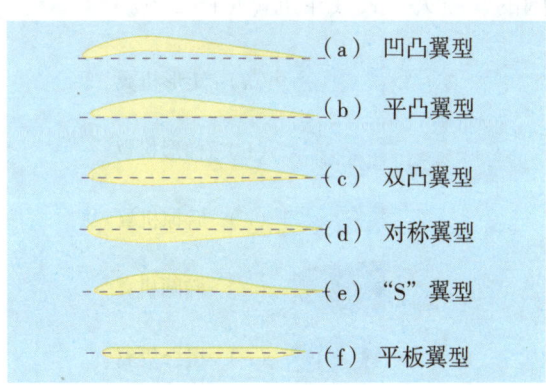

图2-64 翼型分类

图2-65 采用"S"翼型的模型

四、机翼的平面形状

机翼的平面形状关系到模型飞机的飞行性能，常见的机翼平面形状有如下几种：

（1）矩形机翼（见图2-66（a））。这种机翼外形比较简单，便于加工，但它的飞行阻力比较大，通常用于结构简单或低速的模型飞机。

（2）梯形机翼（见图2-66（b））。这种机翼的飞行阻力比矩形机翼小，加工难度也不是很大，因此是比较常见的样式。

（3）后掠机翼（见图2-66（c））。这种机翼的后掠角十分大，因此飞行阻力比较小，适合飞行速度较快的模型飞机，在模型中，这种机翼常用于象真的喷气式战斗机模型。

（4）椭圆机翼（见图2-66（d））。这种机翼的外形气动性能较好，但由于加工难度比较大，因此在模型飞机中采用的不多。在真飞机中也不常见，最有代表性的应该是英国的"喷火"式战斗机（见图2-67）。

（5）组合机翼（见图2-66（e））。这种机翼实际是将多种机翼的外形组合在一起，这样可以发挥每种外形的长处。

（6）三角形机翼（见图2-66（f））。这种外形的机翼呈明显的三角形外观，翼尖不是很明显，这种外形通常用于飞翼或象真模型飞机。

五、迎角

迎角是指模型飞机在飞行过程中机翼翼弦（前缘至后缘的连线）和迎面气流的夹角。迎角不同于安装角，迎角在飞行中大小是经常变化的，而安装角是固定不变的，两者不可混淆。

迎角和升力的变化也是直接联系的，一般情况下，迎角增加，升力也随之加大，迎角减小升力也随之减小，但迎角在变化过程中飞行阻力也会增加。模型飞机在飞行中并不是迎角持续增加升力也一直在增加。而是迎角达到某一个临界值后升力突然减小，而阻力骤增，这个时候机翼表面将产生大量湍流和旋涡，这就是失速现象。邻近失速状态时的迎角叫做临界迎角。

六、失速

失速是飞机在飞行中一种特殊现象，模型飞机也不例外。模型飞机除了利用翼型来获得升力，还可以通过增加飞行迎角来增加升力。但不是迎角越大升力越大，升力还和飞行速度有关。如一架模型飞机在起飞初期，飞行速度较慢，为了获得更大的升力，可以操纵模型飞机以大迎角飞行，但如果迎角过大而速度没有相应提高的话，随着模型飞机抬头角度不断加大，速度越来越慢，当到达某一抬头角度（临界点）时，机翼表面的升力开始丧失，模型飞机表现为瞬间抬头停滞在空中然后低头下坠（见图2-68）。在失速过

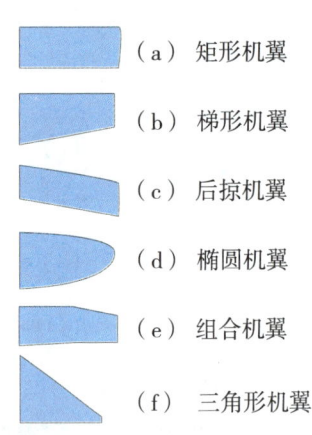

图2-66 机翼平面形状

（a）矩形机翼
（b）梯形机翼
（c）后掠机翼
（d）椭圆机翼
（e）组合机翼
（f）三角形机翼

图2-67 "喷火"式战斗机

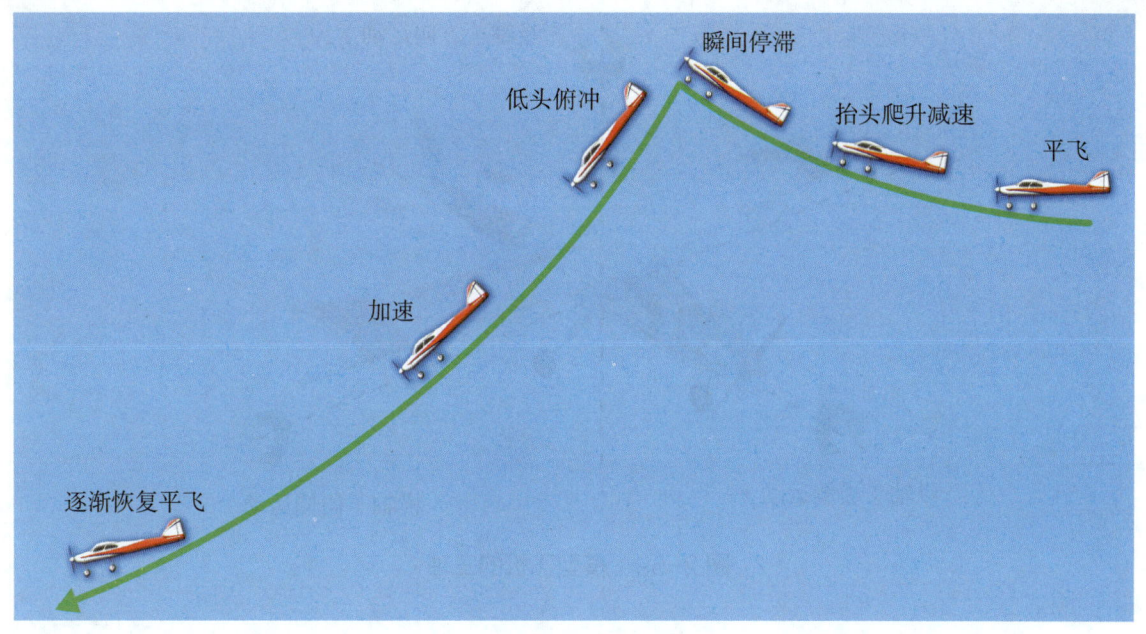

图 2-68　失速过程

程中由于模型飞机无法控制,因此要掌握好模型飞机的飞行速度,不能使模型飞机的飞行速度过低,避免失速现象的发生。失速现象容易发生在起飞和降落阶段。

七、模型飞机的平衡与稳定

（1）模型飞机的三轴。模型飞机在空中的运动是以重心为轴在三维空间运动的,我们按假想方式以重心为旋转轴心给模型飞机制定了三个方向的运动轴,即横轴、纵轴、竖轴（见图2-69）。围绕横轴运动叫做俯仰运动,模型飞机可以抬头爬升或低头俯冲。围绕纵轴运动叫做横侧运动,模型飞机可以向左或向右滚转。围绕竖轴运动叫做方向运动,模型飞机机身可以产生向左或向右的方向变化。

（2）模型飞机的平衡。调整好的模型飞机就好像一架调整好的天平一样达到平衡状态。模型飞机的平衡针对于三轴的动作相应称之为俯仰平衡、横侧平衡、方向平衡。假设在绝对平静的气流中,当模型飞机的三轴状态达到平衡时,模型飞机是保持直线运动的。

（3）模型飞机的稳定性。由于在自然界是不可能出现绝对平静气流的环境,会受到风、湍流、模型自身状态等诸多复杂因素的影响,即使三轴状态达到平衡的模型飞机也不可能长时间在空中保持稳定的直线飞行。因此模型飞机要想长时间在空中飞行,自身要具有稳定性,我们习惯上称之为模型飞机的稳定性。稳定性好的模型飞机即使受到风、气流等因素的影响会产生恢复稳定平飞的趋势,稳定性差的模型飞机受到外界因素的影响会进一步加剧动作的不稳定。稳定性针对于三轴平衡称之为俯仰稳定性、横侧稳定性、方向稳定性。俯仰稳定性和方向稳定性的好坏主要取决于模型飞机尾力臂的长度和尾翼面积的大小,尾力臂的长度越长,尾翼面积越大,模型飞机的俯仰稳定性和方向稳定性就越好,反之则越差。横侧稳定性主要取决于机翼上反角的大小,一般在正常范围内,上反角越大模型飞机的横侧稳定性越好,反之则越差。

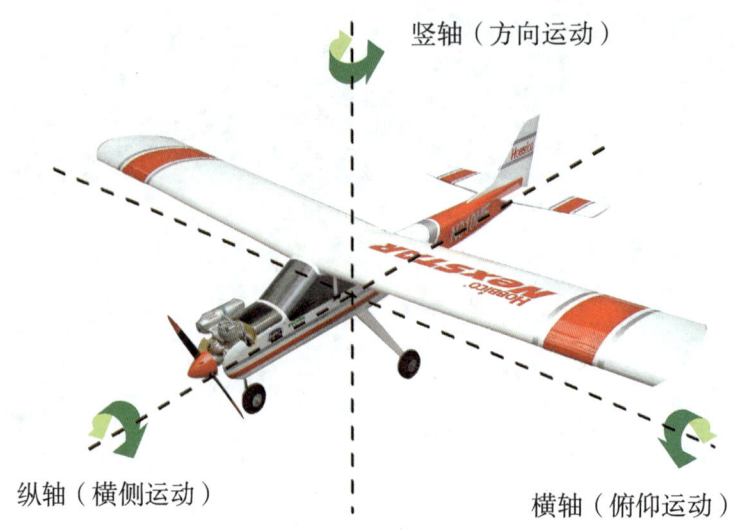

图 2-69　模型飞机的三轴

八、模型飞机的图样

模型飞机的图样对模型飞机的设计、制作、组装、调试都有重要意义,通常爱好者接触的主要是模型飞机的三视图、工作图、组装图、结构图等几种。

(1)三视图(见图 2-70)。一般是了解模型飞机的外观用的,由俯视图、侧视图、前视图组成。由于模型飞机的后视图和仰视图比较简单并且和前视图、俯视图相似,而且表现的内容不多,因此使用三视图就足够了。三视图中模型飞机的尺寸比例一般是要求一致的。

(2)工作图(见图 2-71)。工作图是模型飞机制作时的工程图,一般进行平面展示和剖视展示,有个别重要位置还有平面剖视图,工作图通常使用1:1的比例以便于测量和制作模型。

图 2-70　三视图

（3）结构图（见图2-72）。结构图是模型飞机以立体的视角呈现给读者的示意图，主要用来表示飞机外部及内部的结构组成，可以作为工作图和组装图的重要补充。

（4）组装图（见图2-73）。组装图主要用于产品说明书，一般按步骤说明模型飞机各部件组装的顺序、方法和要点等，通常用简单的局部立体图来表示，为了让读者清晰地看懂细节，在组装图中经常会出现模型所用的一些通俗易懂的特定标志（见图2-74），但这些标志是各厂家自行制定的，并不具备通用性。

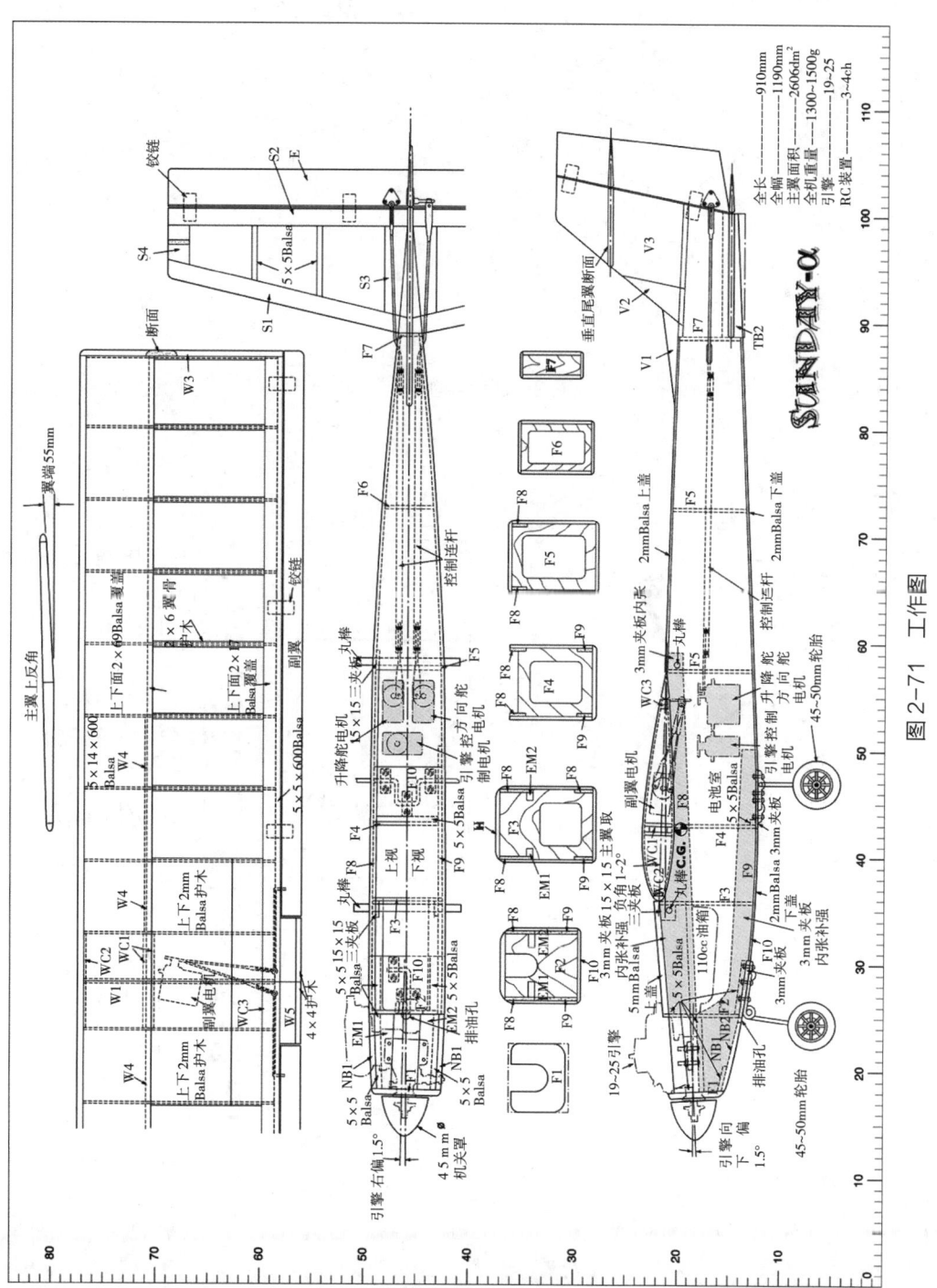

图2-71 工作图

遥控模型飞机入门新编

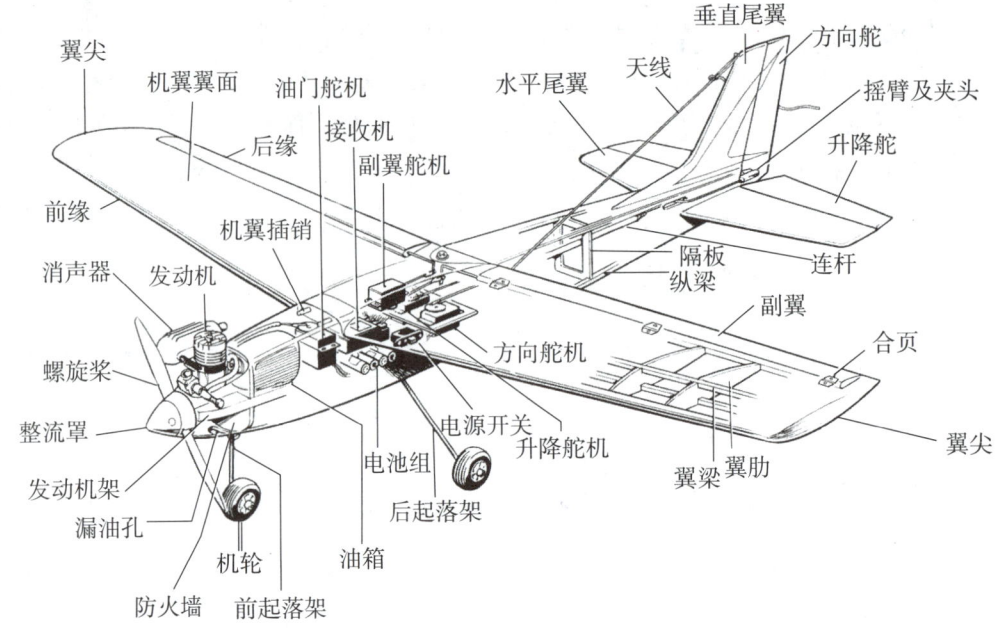

图 2-72　结构图

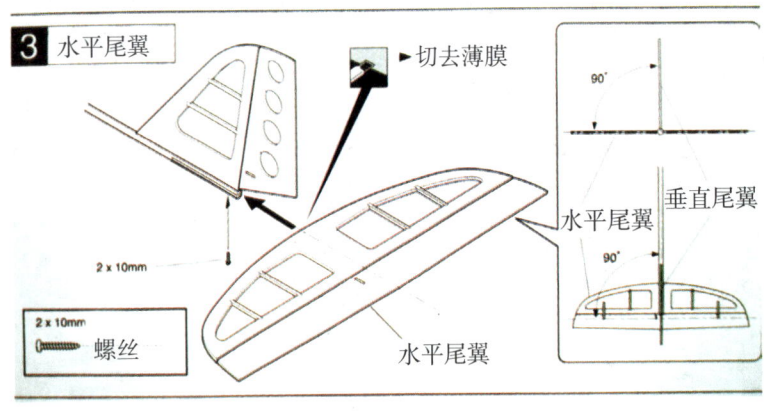

图 2-73　组装图

标志	含义
AB	用环氧胶
C.A	用快干胶
L/R	左右两侧以同样方式组装
⟳	组装时活动部件要灵活
✎	揭掉外表薄膜
✂	切下阴影部分
3mm	钻孔（如直径3mm）
N.I.	单独购买！
!	当心此处！
Warning!	注意！
↓	刺穿外表薄膜

图 2-74　标志图示

第三章 遥控模型飞机

遥控模型飞机种类众多，但不是任何一种都适合初学者用来练习飞行，因为很多专业模型飞机或飞行速度快，或操纵复杂。因此，适合初学者练习的遥控模型飞机应具有飞行速度较慢、稳定性好、易于操纵、结构简单的特点。遥控模型教练机（见图3-1）的操纵方式和其他遥控模型飞机类似，并且操纵方式是其他模型飞机的基础。遥控模型教练机因具有上述特点，因此最适合作为入门时的遥控模型飞机。

机工作容积的大小可以分为几个级别，见表3-1。一般翼展在1300mm以下、发动机小于30级的属于小级别遥控模型飞机；翼展在1600mm以下及1300mm以上、发动机小于50级并大于等于30级的属于中型遥控模型飞机；翼展大于1600mm以上、发动机大于等于50级的属于大型遥控模型飞机。

二、如何购买遥控模型教练机

初学者怎样选择、购买一架适合自己的遥控模型教练机呢？朋友们不妨参考以下的要点。

1. 首先要确定遥控模型教练机的级别

如果能有教练手把手地进行指导，建议最好购买40~46级的模型飞机，因为此级别的模型飞机抗风性能及操纵性、稳定性、使用成本都比较适中。如果资金有限，建议购买20~25级的模型飞机，小级别的模型飞机由于飞行速度相对较慢，飞行动作惯性较小，飞行状态比较轻盈，因此操纵者的心理压力较小，但小级别的模型飞机抗风性能较差，最好在气流平静的天气飞行。如果是有一定的基础、场地又比较开阔，也可以选用

图3-1　遥控模型教练机

一、遥控模型飞机的级别

遥控模型飞机按外形尺寸、重量和发动

表3-1　遥控模型飞机的级别

发动机级别 /级	模型飞机翼展 /mm	模型飞机机翼面积 /dm²	模型飞机重量 /g
10~15	800~1000	18~20	900~1100
20~25	1200~1260	24~28	1200~1800
30~35	1300~1400	30~35	1800~2200
40~46	1500~1600	38~40	2400~2800
50~60	1800~2000	45~52	3000~3700

60级左右的模型飞机。但由于此级别的模型飞机飞行冲击力和动作惯性较大，操纵者在飞行的时候容易紧张，没有教练指导的情况下很容易发生危险，所以通常情况下不提倡初学者使用60级的遥控模型教练机。

2. 评估模型飞机的飞行性能及特点

由于初学者操纵手法不娴熟，遥控模型教练机应具有飞行速度慢、稳定性较好、易于操纵的特点，因此在选择时应通过外观观察来判断一架遥控模型教练机是否具备上述特点（见图3-2）：①采用上单翼或高单翼布局，这样的遥控模型飞机重心相对较低，因此稳定性较好；②有较大的上反角，较大的上反角能够提供更好的横侧稳定性；③最好采用平凸翼型，平凸翼型的升力较大，飞行速度较慢，这样更利于操纵者作出反应，而且降落过程中模型下沉率较小易于控制；④选择舵面较小的模型飞机，舵面较小的模型飞机操纵比较柔和，不至于过于灵活、敏感，减小初学者操作难度。

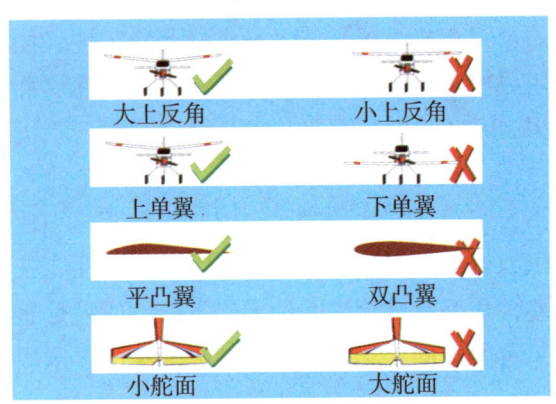

图3-2　遥控模型教练机的选择标准

3. 审核模型飞机的制作工艺

现在的模型飞机的结构和工艺多种多样，但常见的有以下几种。①全轻木结构（见图3-3）。这种模型基本全部采用木质材料，多用轻木，结合少量强度较高的木材做加强，另外还有少量的金属、塑料等材料，外部贴有塑料蒙皮。这种方式制作的模型重量较轻，制作工艺成熟，也是现在大部分模型飞机采用的工艺形式，尽管这种结构不耐受大力度的冲撞但便于修复，因此现今大部分爱好者都选用这种结构的模型飞机。②泡沫结构（见图3-4）。这种结构主要是采用泡沫注塑而成的，它的外形相对更准确，不易变形，重量较轻。此外，利用模具批量生产，不仅保持了产品的一致性，还可以降低生产成本，多用于体型较小的模型飞机或外观复杂的象真模型飞机。近几年出现了一种称作"EPP"的新材料，是一种柔性的泡沫材料，可以弯折到一定程度不断裂（见图3-5），但由于强度和刚度有限，只能用于小尺寸的模型飞机。③复合材料结构（见图3-6）。这种结构通常选用的是玻璃钢材料，其制作的模型飞机外形通常比较逼真，外观的光洁度较高，但结构重量大，损坏不易修复，因此很少用于模型教练机。另外碳纤维（见图3-7）是一种更先进的复合材料，但由于碳纤维的造价比较高，生产工艺难度较大，因此在商品模型飞机中用得很少，一般用于竞赛级的模型飞机。④混合材料。混合材料其实是将多种材料黏结在一起，这样可以综合利用各种材料的性能，例如日本OK模型飞机。OK模型飞机的内部采用木质骨架，但外部蒙皮使用了一种叫"EZ"板的材料，是在加厚的吹塑板外表热合了一层硬塑料薄壳，薄壳的表面可以印刷精美细致的图案。⑤吸塑材料。这种材料是利用模具负压吸附成型的，做完的零件是塑料薄壳，重量较轻，但结构强度不高，损坏后不易修复，因此多用于低成本的小尺寸模型飞机（见图3-8）。

图3-3　全轻木模型飞机

图 3-4　泡沫结构

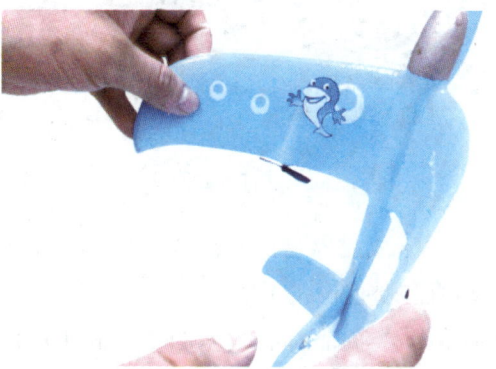

图 3-5　柔性泡沫模型飞机

图 3-6　复合材料模型飞机

图 3-7　碳纤维结构

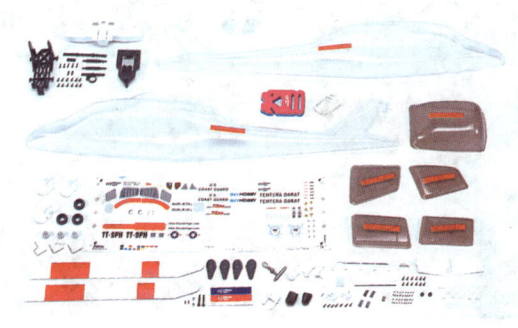

图 3-8　吸塑材料模型飞机

4. 挑选模型飞机的品质

不同厂家的模型飞机因生产工艺与条件不同，在结构品质上也存在较大差别，在选购时应注意以下几点。①观察机翼、机身是否有扭曲变形。例如从机翼下表面翼根弦向翼尖弦看去（见图 3-9），如果两个弦线平行就是合格的，如果出现了角度差说明机翼变形了，优质的产品不应有扭曲变形现象。②稍用力拧一拧机翼、机身的两端（见图 3-10），优质的模型飞机不应有较大的弹性形变，更不能发出响声。③观察模型飞机的内部以及配件的工艺是否细致（见图 3-11），优质的模型飞机内部工艺是十分细致而且使用的材料也应该是均匀的。④称一称模型飞机的重量，一架 40 级的遥控模型教练机最大重量不应超过 2600g。⑤成熟的产品说明书及相关零件应是配齐全的，尽量不要选购缺少零件的杂牌商品，这类商品往往设计不成熟。

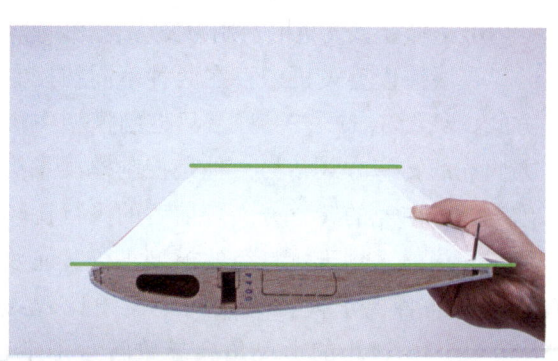

图 3-9　检查机翼

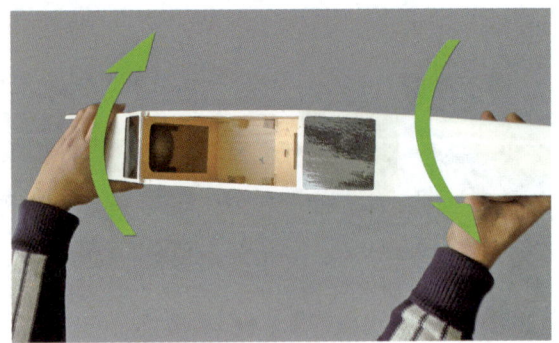

图 3-10　检查机身

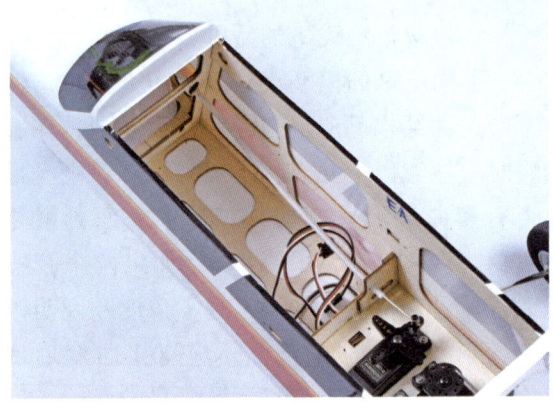

图 3-11　检查内部

5. 了解模型飞机的飞行性能

每种模型飞机的飞行性能并不能完全通过外部观察来了解，最好向有经验的爱好者了解，同时听听模型店的建议。向别人咨询时不要仅仅知道哪架模型飞机，好飞、哪架模型飞机不好飞，而是要了解好在哪里、缺陷在哪里，这样不仅可以对模型飞机有全面的了解，也可以从另一个方面考察被咨询者的学识经验！

6. 选择模型飞机的控制方式

在遥控模型飞机中存在两种不同的控制方式（见图3-12），一种是只控制模型飞机方向舵的转弯方式，另一种是控制模型飞机副翼及方向舵的转弯方式。前者的飞行比较稳定，一般多用于玩具级的模型飞机，舵效较差，而且要求模型飞机的上反角比较大（5°~8°），过小的上反角会导致转弯困难；后者和真飞机的控制方式是一样的，能完成更全面的飞行动作，因此建议尽量选择后者的操纵方式。

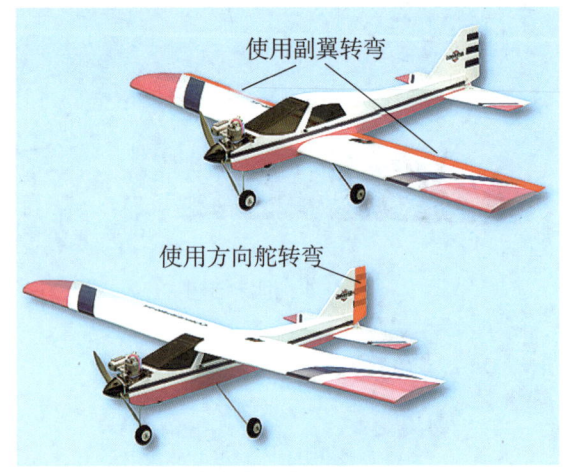

图 3-12　两种控制方式

7. 关于成品器材的档次与价格（包括挑选发动机和遥控设备）

任何一类商品都有很多的档次和不同的价格，模型飞机也不例外，很多初学者由于没有经验，面对琳琅满目的器材不知挑选哪一件。有人认为刚开始接触模型飞机，还是买尽可能便宜的器材，甚至是淘些二手器材降低成本，以防操纵技术不熟练损坏模型飞机，或以后要升级换代没有必要花太多的钱。但这种想法的后果往往事与愿违，与自己同时起步的爱好者操纵技术已经很熟练了，可自己的模型飞机却没几次上天的机会，总是不断地被器材故障搞得焦头烂额，最后不仅操纵水平提高慢，而且一般经历几次失败后才认识到购买一套质量可靠的器材的重要性，最终花费反而比别人还多！但也有人不管买什么器材都是"只买贵的，不买对的"，不管适不适合自己只买高档器材，这样的后果是往往会花费很多钱，还不一定有好的效果。应该结合上述两种想法的明智之处，即购买器材，首先要确定什么器材是适合自己的，其次考虑器材的价格，应该是在质量有保证的基础上选择价格较低的产品。

三、如何组装一架遥控模型飞机

每个厂家生产的模型飞机在结构设计和细节上不完全一样,但它们的基本结构和设计理念以及组装过程和方法是大同小异的。本书以"雷虎"40级遥控模型教练机的组装过程进行示范介绍,"雷虎"40级遥控模型教练机是典型的木质结构模型飞机,在结构上比较有代表性,飞行性能稳定,同时外观也比较漂亮。如果爱好者使用的是其他厂家的模型飞机,同样可以参考这架模型飞机的组装过程进行安装。

(一)机翼的组装

由于大部分遥控模型教练机的翼展比较大,运输不便,因此几乎所有的遥控模型教练机机翼成左右两部分的形式,由爱好者进行黏结连接。机翼左右两部分的连接是有严格要求的,如果在这个过程中不遵照有关规定,很有可能造成整架模型飞机报废,因此应特别注意!

1. 黏结上反角加强片

连接左右机翼的零件是上反角加强片,它既起到连接左右机翼的功能,又起到加强机翼中段的作用,机翼载荷最大的部位就在翼根处,因此安装机翼加强片和黏结两部分机翼应特别细致认真。因为机翼加强片受力比较大,因此一般采用结构强度较大的椴木层板制成,通常需要两片黏结在一起(见图3-13),这样的强度能承受一般飞行的机翼载荷。黏结两片机翼加强片时要事先比对一下外形,确认外形一致后再涂胶黏结,如有较大误差要提前修整。黏结两片上反角加强片时最好使用高强度胶,胶要稍微多抹一点,两个加强片黏结在一起时要小幅度地前后左右搓动并且适当施加压力,这样做的目

的是使胶能够薄且均匀地涂抹在加强片的表面以提高黏结强度。最后将加强片缝隙处溢出的多余胶水抹干净,然后沿加强片四周加上一圈铁夹固定。待上反角加强片的胶干后将其打磨光滑,并插入左右机翼接口中检验是否插接紧密,如果有问题马上修整。为了保证上反角加强片插到左右机翼内的长度一致,要事先在上反角加强片上测画出中心线(见图3-14),机翼的合缝处要和中心线重合(见图3-15)。

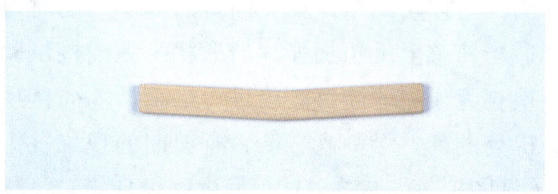

图3-13 加强片

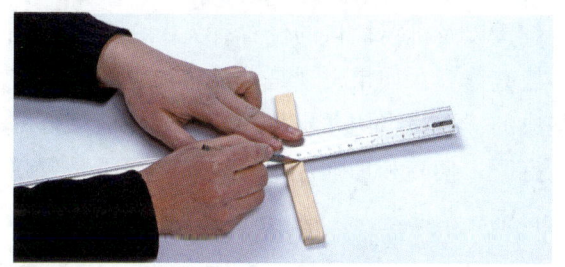

图3-14 画中心线

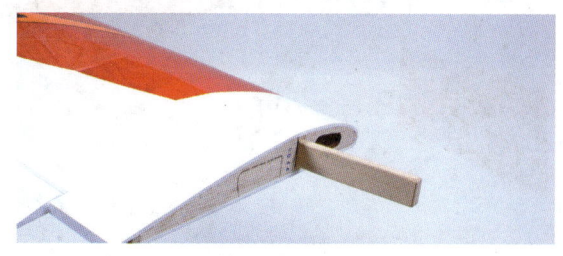

图3-15 插接加强片

2. 检查机翼的插接效果

接下来检查加强片和左右机翼插接到一起的效果(见图3-16)。插接过程中零件之间不应有明显的摩擦甚至卡住的现象(过于松也不好,需要用适当木料填充),插接过程中各零件接触面之间应该是平顺紧密的,各零件插到位时端口不应出现明显的缝隙,如果出现明显的缝隙,甚至两部分机翼

无法对齐,一定要修整合适以后才能涂胶黏结,否则会造成机翼的报废。插接不正确有如下几种:①机翼中间有均匀缝隙,(见图3-17),这主要是上反角加强片太长的原因,应该检查并修整加强片的长度。②机翼中间有不规整的缝隙(见图3-18)(在黏结面出现薄厚不均的现象),这主要是两部分机翼的黏结面不平整造成的,应用较大的砂纸板仔细打磨平整。③机翼出现一高一低的现象(见图3-19),这主要是由于机翼插口位置不当,可以用薄木片填充插口的高低,同时可适当修整上反角加强片的形状。在插接试验检查无误后才能够涂胶进行黏结。④插接后机翼的前后缘一高一低,有扭曲的现象发生(见图3-20、图3-21),发生这种现象对飞行的影响是极大的,这主要和上反角加强片的位置以及机翼插口的位置有关,一定要仔细检查修整,如果发现是上反角加强片过松造成的,要适当用薄木片填充(要提前粘好并打磨,使其和加强片成为整体,而不是仅仅将木片塞进去)。

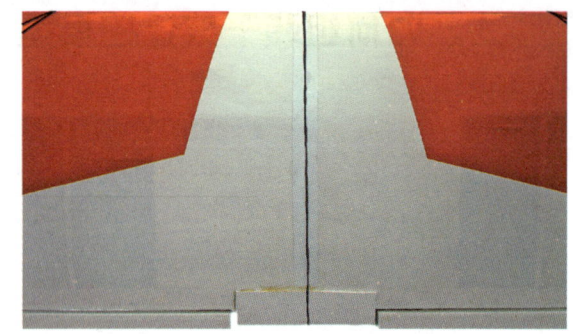

图3-18 机翼中间有不规整的缝隙

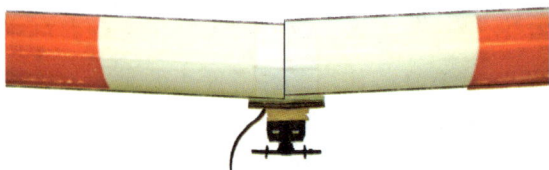

图3-19 机翼一高一低

图3-20 机翼前缘扭曲

图3-16 检查插接效果

图3-21 机翼后缘扭曲

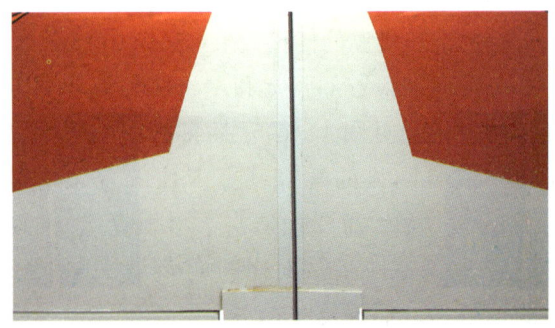

图3-17 机翼中间有均匀缝隙

3. 黏结机翼

在黏结左右机翼之前,最好沿着翼根的边缘粘上一圈美纹胶带(见图3-22),这样可以避免多余的胶水溢到蒙皮。如果翼根边缘黏结处有多余的热缩膜及美纹胶带,要用锋利的刀片处理干净(见图3-23)。再把副翼舵机位置的预留孔切开(见图3-24、图3-25),否则等机翼黏结好再切开会比较麻烦。

黏结左右机翼时要使用强度较大并且有一定填充作用的胶水。胶水的凝固速度不要太快，避免一半机翼还没有粘完另一半机翼的胶水已经凝固了，胶水的凝固速度最好在10min左右，这样既不用等太长时间，也给操作和调整留出了足够的时间。

在调制胶水时，估计好用量，调制的要比实际用的稍多一点。胶水调好后，用小木棍沾胶分别涂抹机翼插口及黏结面（黏结面处涂抹一面即可），然后插入上反角加强片，反复抽插，使多余的胶水溢出，然后合拢机翼，并适当施压，使多余的胶水溢出（见图3-26），同时适当扭动机翼，保证胶水能够涂抹均匀，只有胶水用量少并且黏结紧密、均匀才能达到理想的黏结强度。黏结要求的标准严格遵守前面检查插接面的四项准则。如果是使用快干胶（约10min的凝固速度）可以手持机翼等待固化，如果是慢干胶可以用胶带临时固定等待固化。在胶水快要固化之前（大部分凝固不流动时，但胶质尚软时），可揭去美纹胶带，将溢出的胶水除去（见图3-27）。

图3-22　翼根边缘粘美纹胶带

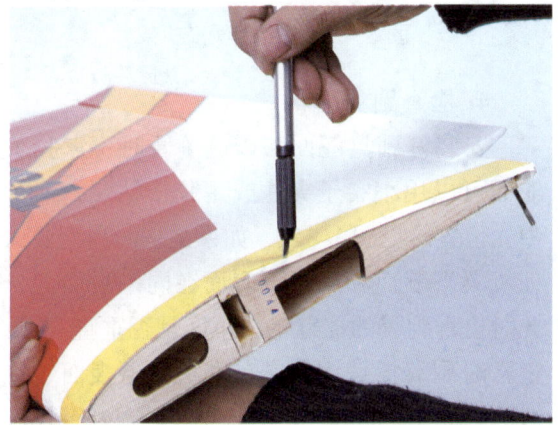

图3-23　用刀片切除多余热缩膜及美纹胶

图3-24　切开副翼舵机位置预留孔

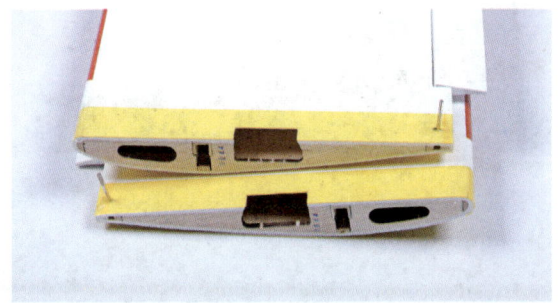

图3-25　预留孔切开

图3-26　合拢机翼

图3-27　揭去美纹胶带

最后把副翼舵机的安装架摆到安装孔位置，先勾出轮廓（见图3-28），再用锋利的刀片切掉去除的部位（见图3-29），但注意不要将热缩膜下面的轻木划伤！然后揭去要剥离的热缩膜（见图3-30），并处理干净表面，最后把副翼舵机安装架黏结在需要的位置（见图3-31）。

图3-31 黏结副翼舵机架

4. 检查副翼摇臂

安装好副翼舵面和铰链（暂时不点胶），舵面可以用小夹子夹住或用胶带粘住，保持中立位置（见图3-32），如果是平凸翼型要保证机翼下表面和副翼下表面在同一平面上！此时检查副翼的摇臂钢丝角度是否垂直一致，正常时副翼摇臂钢丝应该和机翼下表面（针对平凸翼型）保持90°的状态，两根摇臂钢丝应该平行（见图3-33）。如角度发生了偏差，可能是副翼摇臂钢丝角度有误差。纠正摇臂误差时，可用钳子分别夹住副翼摇臂钢丝的两端，向相反方向扳（见图3-34），直到达到所需的角度。在修正角度时一定要夹稳固，用力均匀，一旦失手滑脱很容易损坏机翼！

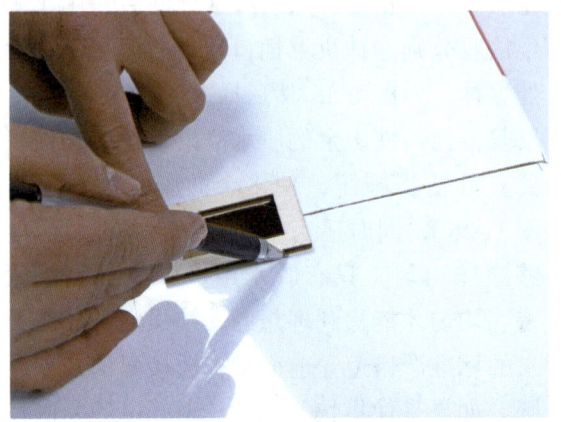

图3-28 勾出安装架轮廓

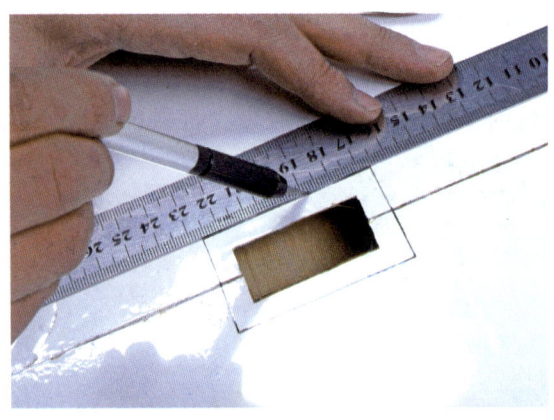

图3-29 用刀片切去热缩膜

图3-30 揭去热缩膜

图3-32 保持舵面中立

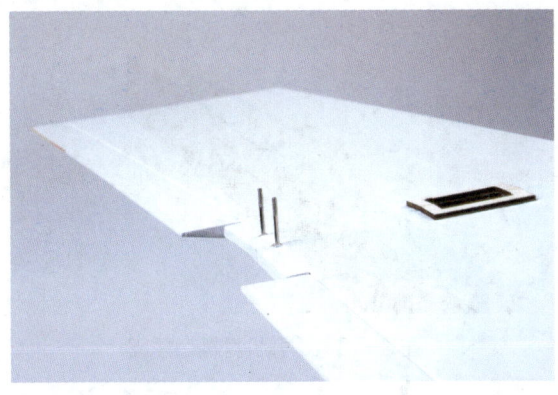

图 3-33　摇臂钢丝平行安装

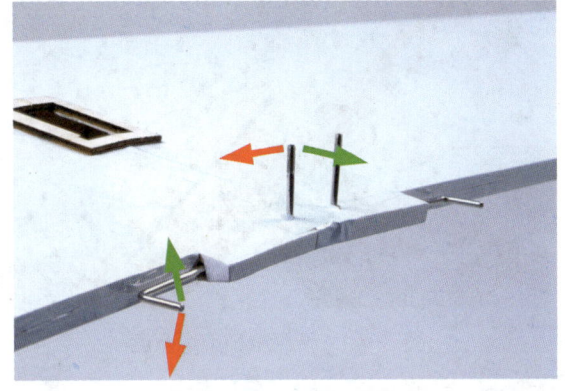

图 3-34　调整钢丝

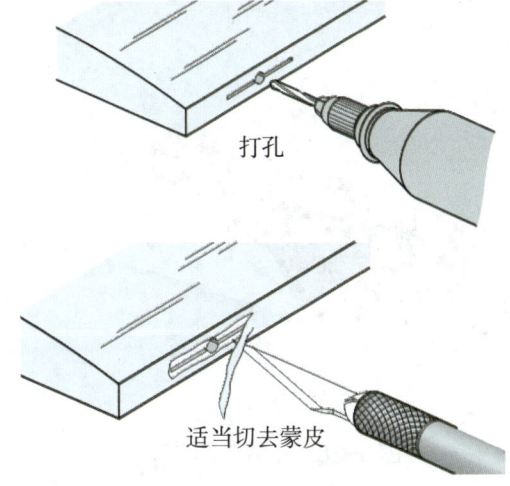

图 3-35　打孔并切去蒙皮

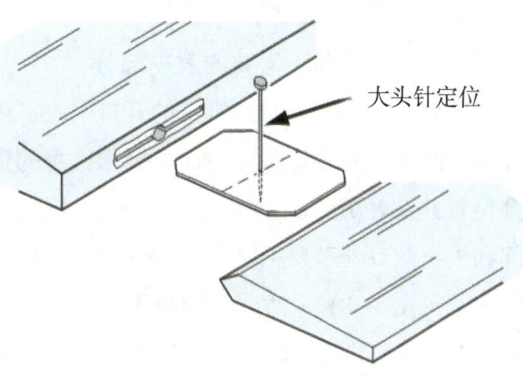

图 3-36　插装铰链时采用大头针定位

图 3-37　在铰链处点入 502 胶水

如果发现摇臂产生间隙，一般是插入副翼舵面的开孔直径过大了，可以用适当材料填充空隙，一般可以采用加套管或加木料并用胶水填充的办法。

5. 黏结副翼的舵面

很多模型飞机的成品套材舵面并没有和安定面黏结在一起，需要爱好者自己动手安装。现在连接舵面的铰链材质大多为纸质，在黏结时一般舵面和安定面上都会留出铰链的切口，需要用直径 2mm 的钻头在切口的中心打孔（见图 3-35），便于胶水流进切口深处，然后将铰链插入舵面和安定面的切口，但要注意铰链要平均插入舵面和安定面内（见图 3-36），并注意转轴处的缝隙不要太大（0.5mm 以内），只要舵面的最大偏转角能够保持约 45°即可，然后在铰链处点入 502 胶水（见图 3-37），黏结好的舵面如图 3-38 所示。

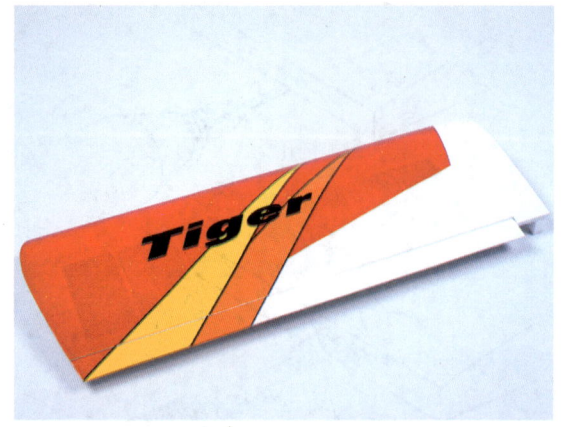

图 3-38　黏结好的舵面

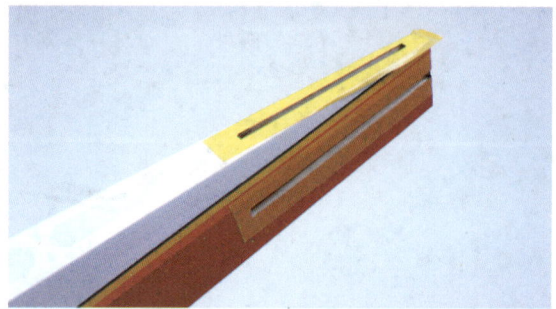

图 3-40　切开机身槽口蒙皮

（二）尾翼的组装

1. 测量与切除不需要的蒙皮部分

尾翼要插入并黏结到机身的开口中去，重叠部分的蒙皮需要切除。估计尾翼和机身的重叠位置并贴好美纹胶带（见图 3-39），尾翼根部和机身槽口处都要粘贴。先切开机身槽口的蒙皮（见图 3-40），然后分别测量槽口前、后缘的宽度（见图 3-41、图 3-42），在水平尾翼安定面上画出中心线的位置，并且根据测量的机身投影形状画在水平尾翼上（见图 3-43）；垂直尾翼可以插入机身槽口后直接勾画（见图 3-44），并用锋利的手术刀将尾翼与机身重叠部分的蒙皮切下来。注意切的时候要使用锋利的新刀片，用力要轻，只能切透蒙皮而不要伤及下面的木质结构。最后将要去除的蒙皮揭下来（见图 3-45），并检查裸露的木质部分是否干净，为后面的黏结工作打好基础。

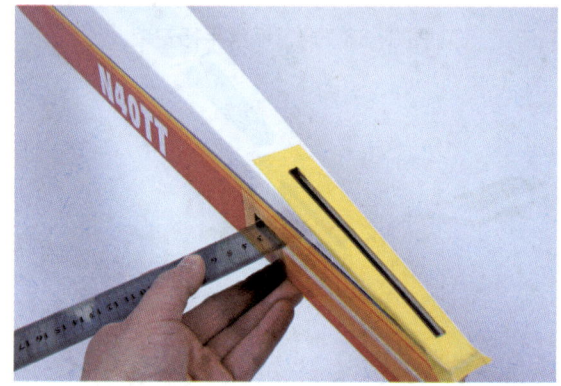

图 3-41　测量槽口前缘宽度

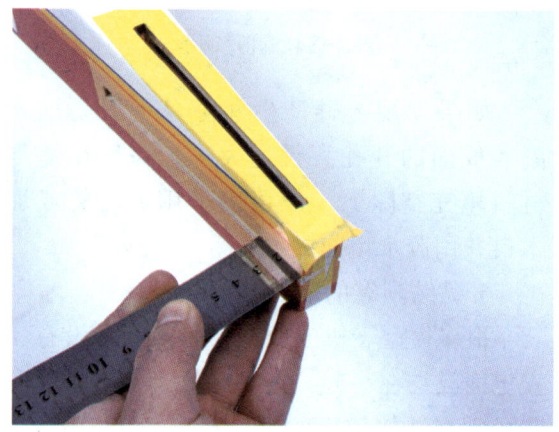

图 3-42　测量槽口后缘宽度

图 3-39　在尾翼和机身贴美纹胶带

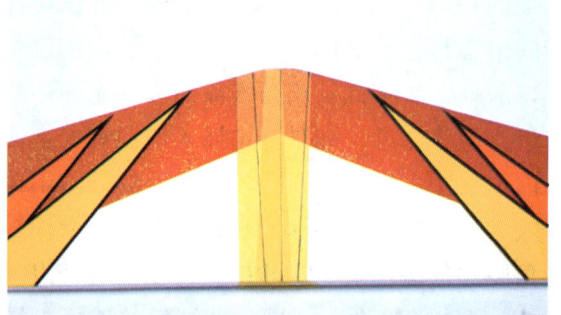

图 3-43　在水平尾翼上画机身投影

图 3-44　在垂直尾翼上画槽口

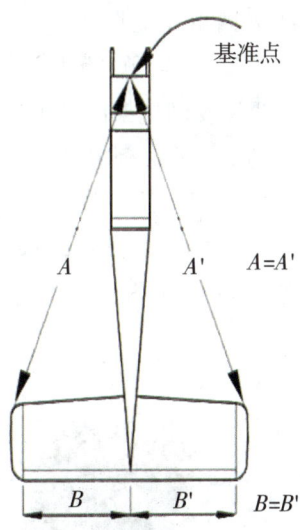

图 3-46　检查水平尾翼是否左右对称

图 3-45　揭下蒙皮

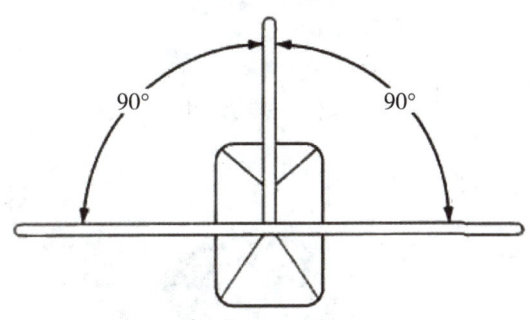

图 3-47　检查垂直尾翼是否垂直

2. 检查尾翼的安装角度

黏结尾翼之前，先将尾翼插进到机身槽口，仔细检查尾翼的安装角度是否准确。从俯视的角度检查水平尾翼是否左右对称（见图3-46），从后视的角度检查垂直尾翼是否垂直于机身和水平尾翼（见图3-47）。发现有误差一定要及时纠正。

3. 黏结尾翼

将尾翼与机身进行黏结（见图3-48），同时趁胶未干之际按前面的测量方法再检查一遍，发现有误差赶紧纠正，并用适当的工具临时固定。

4. 黏结舵面和铰链

可参考副翼舵面的黏结方法。

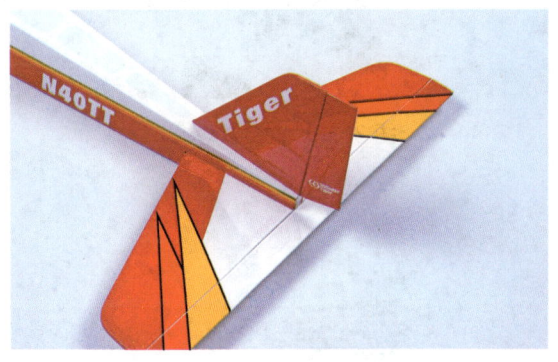

图 3-48　黏结尾翼

（三）发动机和油箱的安装

商品模型飞机一般配有碳塑的成品发动机架，也有的模型使用和机身一体的木质发动机架。

使用碳塑发动机架需先将发动机架固定

到机头防火墙上（见图3-49），防火墙背面一般预埋了反爪螺母，有些没有预埋需要自己动手。两片发动机架的宽度要事先测量好，然后把发动机卡在发动机架内（见图3-50），调整好前后位置，注意发动机螺旋桨的旋转面超过机头侧板至少2mm（见图3-51），否则螺旋桨在工作时会和机头发生碰撞！

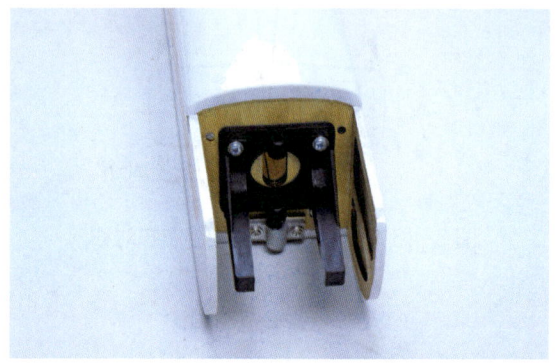

图3-49　安装发动机架

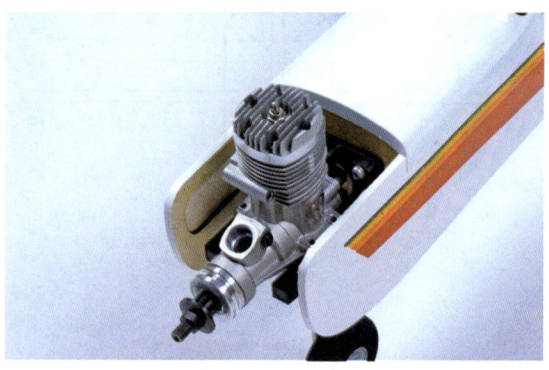

图3-50　安装发动机

图3-51　螺旋桨旋转面应超过机头侧板

发动机摆放正确后，用加长钻头或锥子等工具给发动机螺栓孔定位（见图3-52），然后在定位处打孔，注意打孔时一定要保证垂直！

打孔完毕后用螺栓紧固好发动机。由于发动机的振动较大，为了防止在飞行中螺栓松动，不仅要用力拧紧螺丝，还可以涂抹防松胶或使用防松螺母。

在紧固发动机消声器和汽化器（又叫化油器）之前，检查是否有和机身接触（干涉）的部分，将多余机身部分切除（见图3-53），不能使其直接和机体部分接触，否则长期的振动会损坏发动机。

图3-52　发动机螺栓孔定位

图3-53　切除多余机身部分

安装完毕后的发动机要检查安装角度，一般情况下，发动机要保持约3°的下拉角和2°的右拉角（见图3-54、图3-55）。

油箱的安装结构如图3-56所示。出油管是连接在汽化器进油嘴上的，其在油箱的内部连接有一根吸油软管，软管的末端装有重锤。吸油软管的长度要合适，太短了在飞行中发动机会因吸不上油而停车，太长了吸油软管会卡在油箱内部动弹不得。吸油软管的长度应该是将油箱垂直放置时，重锤和油箱底保持1~2mm间隙。吸油软管最好选择比一般硅胶油管管壁略薄而且柔软的油箱内专用油管，这样的吸油软管受重锤和自身重力的作用可以随意地在油箱内部弯曲，以保证在任何飞行状态下都可以吸到油料。

图3-54 检查下拉角

图3-55 检查右拉角

油箱还要有一根增压管，增压管可以提供供油压力和平衡油箱内气压。增压管要向上弯折顶到油箱上壁，如果不顶到油箱上壁，油箱总是无法加满油。增压管可以用一整根铝管，弯折增压管时折角要圆滑，注意不要弯折出死角，否则会影响发动机工作！

每次给油箱加油时要拔下发动机汽化器上的进油管，但有的爱好者会嫌麻烦，尤其是有些模型飞机发动机被包在机头罩内的，无法拔开进油管，因此为了加油方便可以安装一根加油管。加油管要直通油箱底部，这样加油、抽油都很方便。每次加完油后要用塞子/堵头堵好加油管（见图3-57），防止漏油漏气！

每条油管都是连有金属管的硅胶管，而金属管的固定和密封都要依靠橡胶塞。橡胶塞前后都有紧固压片，当油箱安装好后要拧紧紧固压片，压紧橡胶塞，这样才能固定好每根油管并起到密封作用。紧固压片也不要拧得过紧，否则会使油箱口涨裂，橡胶也容易老化。长时间使用时要注意橡胶塞的老化情况。

油管最好使用较透明的硅胶管，这样可以更方便地观察油料在油箱内的流动情况。为了区分每根油管的功能，可以使用不同颜色的硅胶管加以区分。

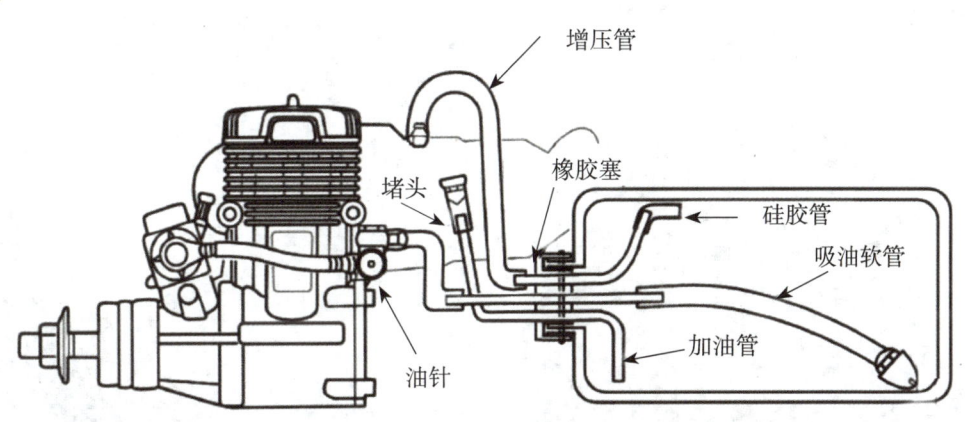

图3-56 安装油箱

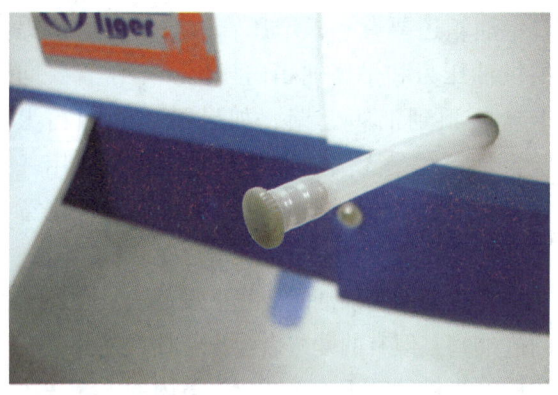

图 3-57　用塞子堵好加油管

油箱从机舱塞至机头,一般机头内会预留出形状合适的隔板卡住油箱,油箱在机舱内的情况如图 3-58 所示。如果机舱内空间较大还可以在油箱外部包裹海绵等材料减震,防止油箱产生太多气泡。油箱的前部(橡胶塞部分)卡在机头防火墙隔板的预留孔中,为了防止油箱向后退,可以在机身内黏结一根轻木条顶住油箱后部(见图 3-59),这样就牢牢地固定住油箱了。

图 3-58　油箱

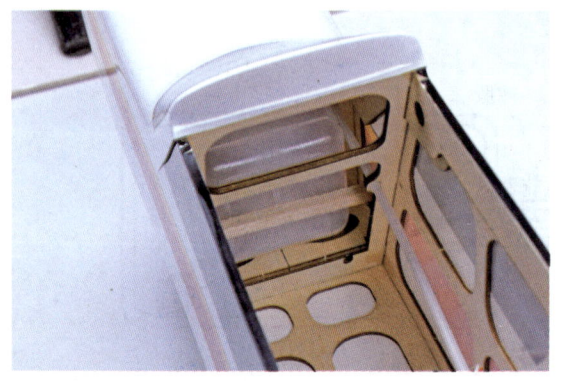

图 3-59　固定油箱

最后把每根油管和发动机连接,注意不要插错油管!每根油管的长度既不能太长也不能太短,太长会影响发动机供压性能,太短容易出现死角,堵塞油路(见图 3-60)!

图 3-60　油管和发动机连接

(四)起落架的安装

起落架的安装比较简单,按照说明书操作。主起落架要用压片紧固(见图 3-61),防止起落架钢丝松动。前起落架要固定在机头处(见图 3-62)。方向摇臂通过顶丝和起落架钢丝的限位偏口紧固(见图 3-63),这样摇臂才不会随意滑动。方向舵操纵钢丝从机头下的导管引出与前起落架摇臂连接(见图 3-64)。方向舵在中立位置时前转向轮也要处于中立位置(见图 3-65)。

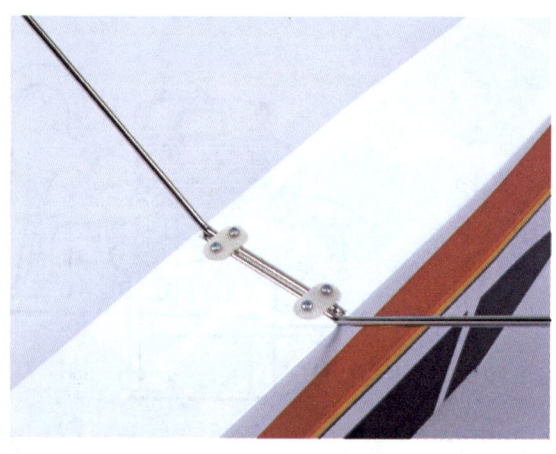

图 3-61　用压片紧固起落架钢丝

第三章 | 遥控模型飞机

图 3-62　固定前起落架

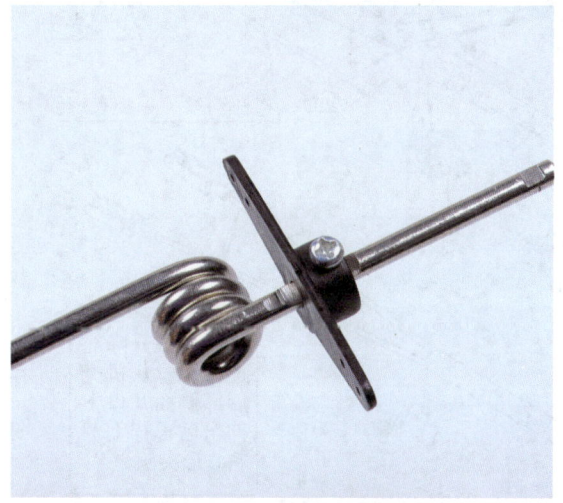

图 3-63　紧固方向摇臂

图 3-64　连接方向舵操纵钢丝

图 3-65　保持前转向轮中立

机轮用轮挡固定在起落架钢丝上，为了防止机轮在钢丝上横向滑动，需要两枚轮挡在机轮两侧限位（见图3-66）！

图 3-66　固定机轮

（五）舵机和连杆的安装

遥控模型教练机一般使用4个舵机，分别是副翼舵机、升降舵舵机、油门舵机、方向舵舵机。舵机安装的具体注意事宜可以参阅遥控设备舵机的使用部分。

连杆是舵机—舵面的连接驱动部分。连杆常见的有硬连杆和软连杆两种形式。

41

硬连杆操纵直接，精确可靠，是最常见的使用形式。硬连杆由三部分组成，即夹头、钢丝、木连杆。测量舵机摇臂到舵面摇臂的距离来确定连杆的使用长度。对于40级左右的遥控模型教练机来说，木连杆部分使用直径约8mm的松木圆杆比较适宜。钢丝可以使用直径1.8mm的。将钢丝弯成直角钩镶嵌在木质连杆上，外面用热塑管套紧，最后沿缝隙滴入502胶水进一步加固。木连杆的制作过程如图3-67所示。完成的连杆应牢固，受力后不应该有大幅度变形！

硬连杆在机身的引出口处应该进行精确地测量，然后再开口（见图3-68）。钢丝引出机身后直接和舵面摇臂连接（见图3-69）。

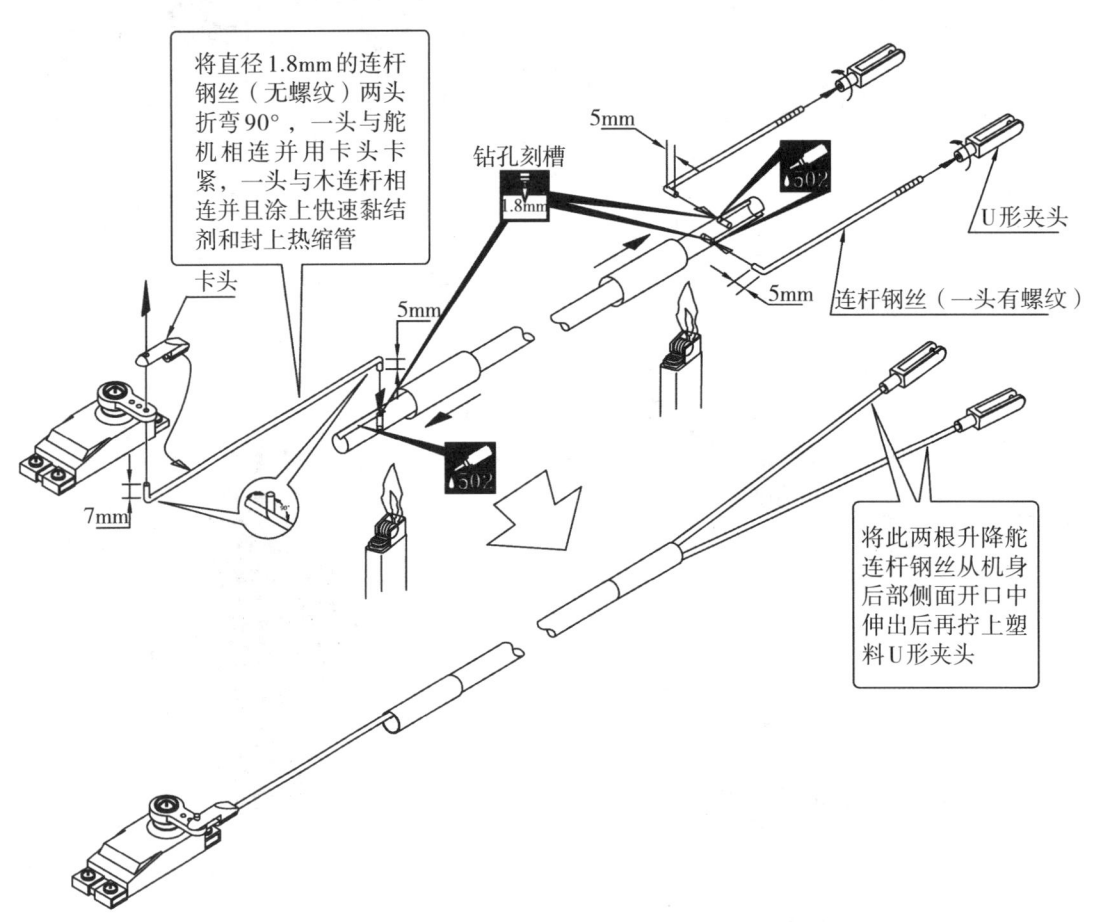

图3-67 硬连杆制作过程

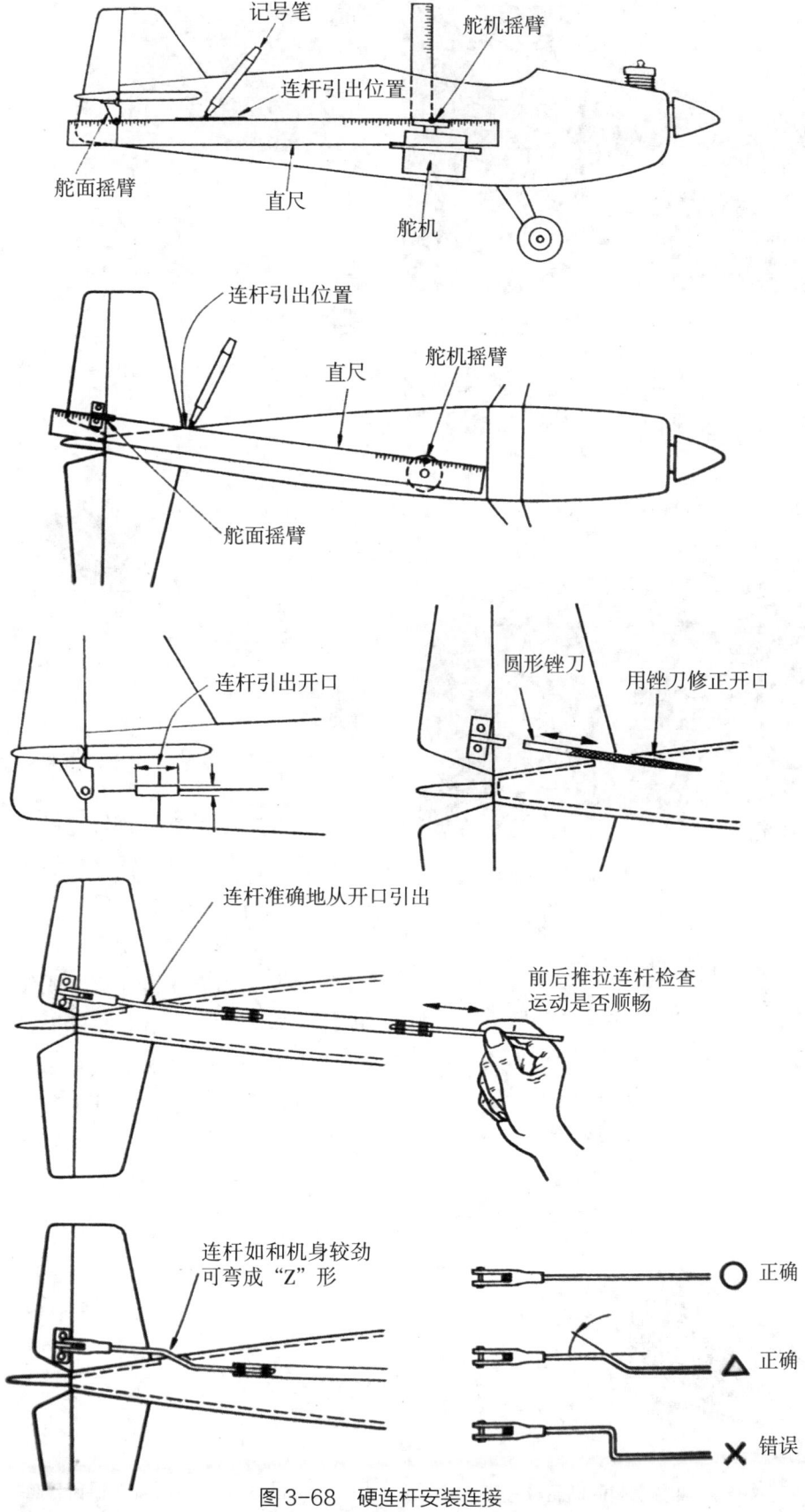

图 3-68 硬连杆安装连接

图 3-69　将钢丝引出机身并与舵面摇臂连接

软连杆安装比较简单，只要将操纵钢丝穿过机身内埋设的导管按常规方法连接即可。

机舱的舵机布置如图 3-70 所示。

图 3-70　布置舵机

副翼连杆的安装可直接用钢丝连接。首先测量副翼舵机摇臂的高度（见图 3-71），然后将副翼摇臂调整到同样的高度（见图 3-72），最后连接好舵机（见图 3-73）。

图 3-71　测量副翼舵机摇臂高度

图 3-72　调整副翼摇臂

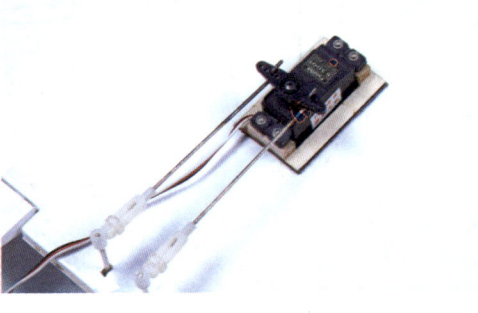

图 3-73　连接舵机

不管连接哪个舵面与舵机，都要遵守一定标准。例如舵机摇臂与操纵钢丝之间的夹角应该均保持90°（见图3-74），如果两者之间的夹角不垂直，就会出现左右舵量不对称的情况。如果舵机摇臂与操纵钢丝之间不能保持90°，就要摘下舵机摇臂，将摇臂的每一个舵角逐一调整，直到保持90°。连接好舵机摇臂后，要将摇臂上其他不用的舵角剪掉（见图3-75），防止舵机摇臂之间发生干扰！

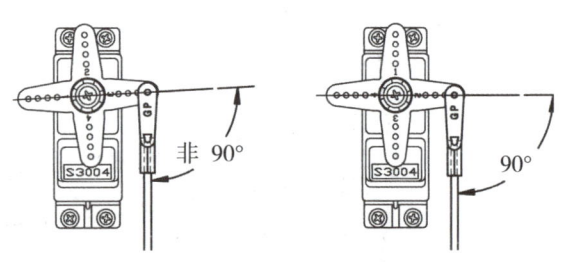

图 3-74　调整舵机摇臂与操纵钢丝

图 3-75　剪掉多余舵角

舵面摇臂的孔位要和舵面转轴处的位置在一条垂线上（见图 3-76），否则也会出现左右舵量不对称的情况。

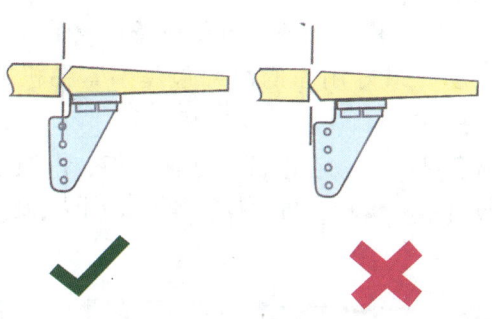

图 3-76　舵面摇臂 孔位要正确

当操纵钢丝连接好时，舵面和舵机摇臂都应该在中立位置，并且舵面和舵机摇臂都应该和操纵钢丝保持 90°，只有这样连接完成的连杆系统才能使舵面的控制精确，左右舵量对称。

为了确保连杆夹头安装稳固，要使操纵钢丝末端的螺纹至少拧入连杆夹头内约 8mm（见图 3-77）。

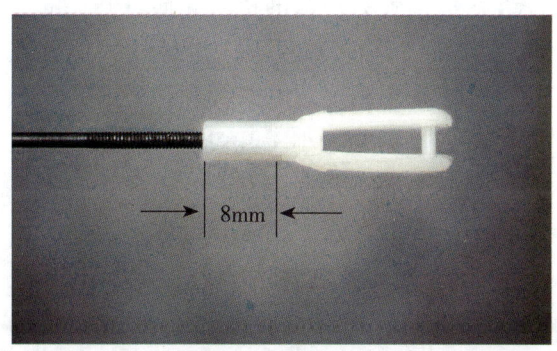

图 3-77　将操纵钢丝末端螺纹拧入连杆夹头

舵机摇臂一端的操纵钢丝可以采用夹头或"Z"形弯的方式（见图 3-78），在弯制"Z"形弯时，先要确认钢丝的弯折点，最好做一记号（见图 3-79），然后用"Z"形钳进行弯折（见图 3-80）。这种连接方法很牢固，但调节长度十分麻烦，为了方便，可以使用专用的快装接头调节长度（见图 3-81）。

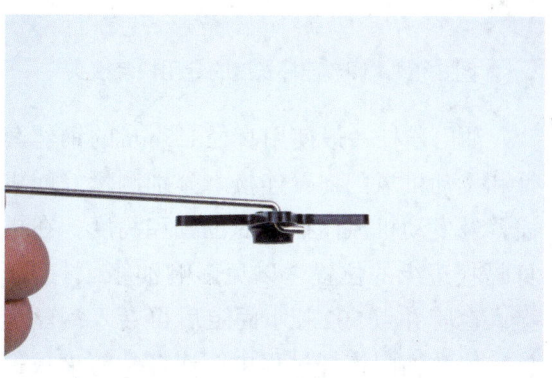

图 3-78　操纵钢丝采用"Z"形弯

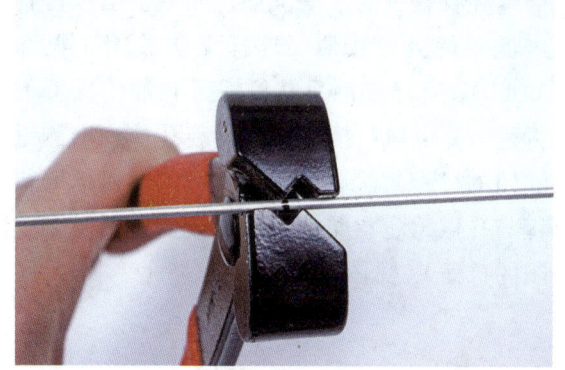

图 3-79　标记操纵钢丝弯折点

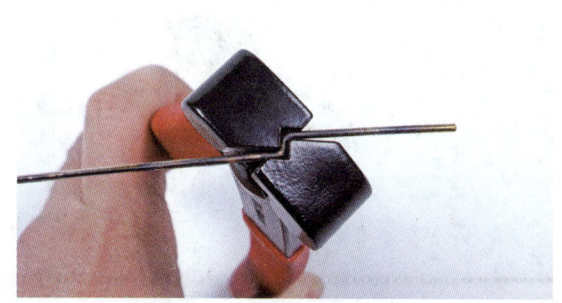

图 3-80　弯折操纵钢丝

图 3-81　调节连杆长度的专用快装接头

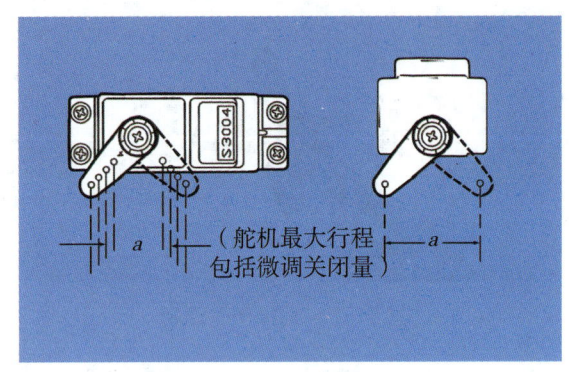

图 3-83　调节舵机摇臂行程与孔位

油门连杆一般使用直径 1.5mm 的钢丝套管和发动机风门摇臂连接。分别测量好舵机摇臂及发动机风门摇臂的位置和高度，在机身隔板边缘的位置（以免影响油箱）打孔，穿入套管并点 502 胶水固定后再穿入钢丝连接。安装油门连杆过程中，连杆从防火板引出的位置很重要，引出点一定不能低于风门摇臂在收紧时的水平位置，如果引出点位置过低，就会导致油门连杆无法关闭（见图 3-82）。要仔细测量舵机摇臂和油门摇臂的行程，先以风门摇臂某个安装孔位为准测量油门的行程，然后再寻找合适的舵机摇臂行程与孔位（注意舵机的行程量要包括微调关闭的行程）（见图 3-83）。

（六）接收机与开关的安装

接收机和电源等电子设备比较怕冲击和振动，最好用厚的海绵包裹塞紧在机舱内（见图 3-84）。由于接收机比较"娇气"，为避免冲撞要放在电源后面或上面，电源与接收机不要影响舵机工作，尤其是副翼舵机。

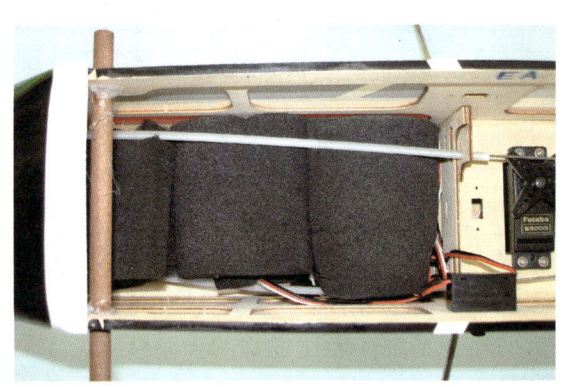

图 3-84　电子设备宜用海绵包裹

接收机的开关一般固定在机身侧面（见图 3-85），为了避免发动机油污的侵蚀，应安装在排气管另一侧的机身侧面！开关的方向一般习惯是前关后开。在打开关位置孔时，一定注意不要影响开关动作，开孔面积宁可稍大也不要太小。开关要选用白金触点开关，而不要用普通的开关。不要小看接收机的开关的安装，因为不良的安装方法、质量较差的开关、机身的剧烈振动都会导致开关在飞行中意外关闭，从而影响飞行的安全！

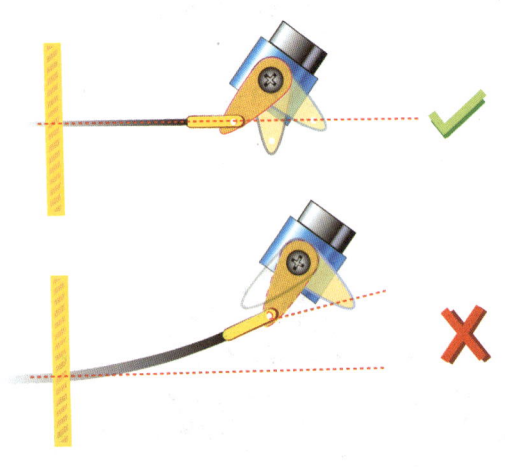

图 3-82　油门连杆引出位置要正确

图 3-85　机身侧面的接收机开关

（七）机翼的固定

大部分模型飞机由于尺寸较大，为了便于运输，一般都做成机翼与机身可分离的结构，机翼固定在机身上有两种形式，即软连接和硬连接。

软连接（见图 3-86）是指用橡筋等柔性材料利用翼台前后缘的固定销（见图 3-87）将机翼捆绑在机身上。橡筋要按次序（见图 3-88）均匀捆绑在机身上。捆绑力的大小要适当，用力左右扳动机翼时，机翼不能出现明显晃动！固定好的机翼要保证机翼的中心线和机身的中心线重合，翼尖和机身的角度、距离要一致（见图 3-89），检查机翼左右上反角是否一致（见图 3-90），如有误差，可以在翼台处粘贴轻木条来调整翼台的左右高度。只有对称固定才不会使模型飞机在飞行中产生偏航力矩！软连接方式的缺点是不太美观；优点是有一定弹性，在练习起飞降落的过程中机翼受到较大冲击时不容易损坏。

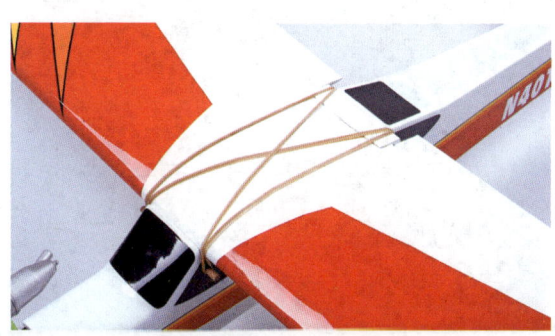

图 3-86　软连接

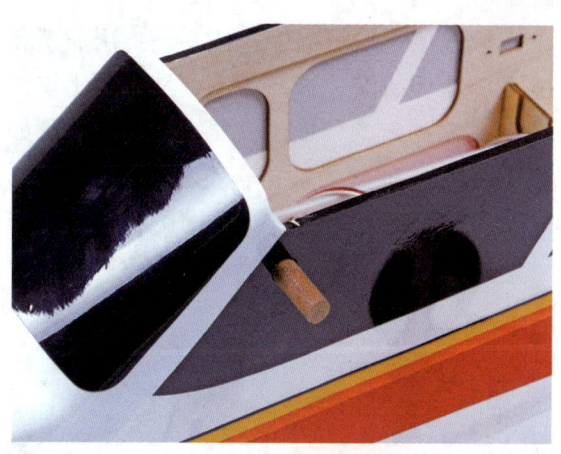

图 3-87　固定销

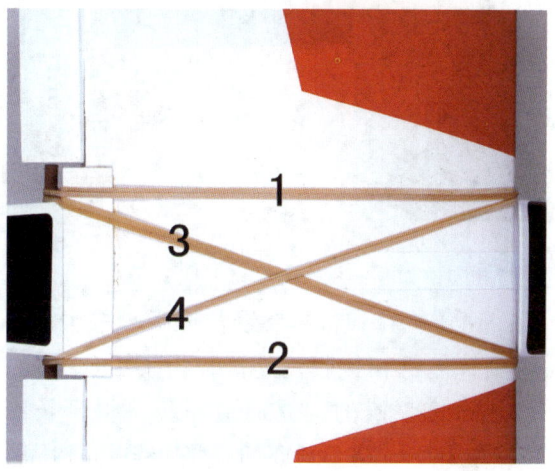

图 3-88　橡筋捆绑次序

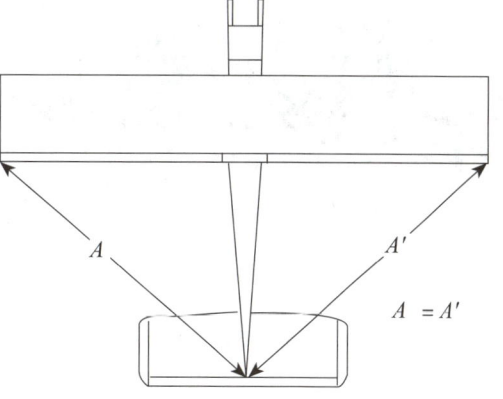

图 3-89　检查翼尖和机身的角度、距离

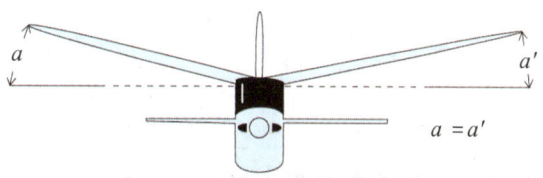

图 3-90　检查机翼上反角

硬连接（见图3-91）主要是指用插销和螺栓来固定机翼。这样的优点是外观比较美观，每次固定的位置比较准确，但缺点是如果遇到较大的外力冲击，很容易损伤翼台，因此遥控模型教练机一般不采用这种形式。

图3-91　硬连接

由于机翼和机身要经常拆卸，每次都要将副翼舵机和接收机连接，为了更加方便，可以给接收机的副翼通道安装一根延长线（见图3-92），以后只要插拔这根线就可以了。

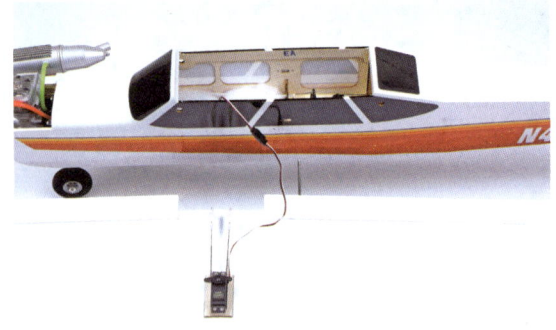

图3-92　接收机的副翼通道加装延长线

（八）舵量的调整

在模型组装完成后，需要调整各舵面行程的大小，参考值如图3-93所示，舵量太大或太小对模型的操纵都会有不好影响。一般情况下说明书都会提供模型飞机舵量大小的数据，但这些数据通常只能作为初次试飞时的参考，不一定适合每个人的操纵习惯，因此还有必要再次调整。副翼、升降舵、方向舵的舵量标准没有绝对的规定，对于遥控模型教练机来说，副翼的最大舵量可以使模型飞机在约2s的时间完成一个横滚动作；升降舵的最大舵量可以使模型飞机完成一个90°的转角；方向舵的最大舵量可以在单独使用的情况下使模型飞机完成一个标准的转弯。

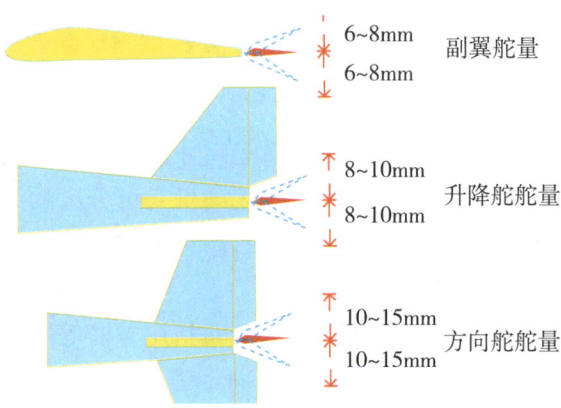

图3-93　舵量调整参考值

普通的设备不能像高级设备那样从发射机的电脑系统中调整舵面行程大小，只能通过调整舵面摇臂和舵机摇臂安装孔的位置来调整航量。舵机摇臂选择的安装孔越靠外行程越大、越靠里行程越小，舵面摇臂选择的安装孔越靠外行程越小、越靠里行程越大（见图3-94），两者可以同时适度调整。

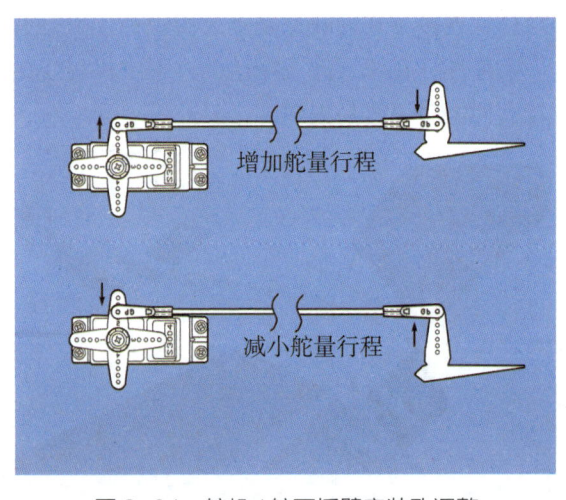

图3-94　舵机/舵面摇臂安装孔调整

（九）舵面间隙的检查

舵面与舵机之间的连杆机构安装完毕后，如果安装过程中的精度不够，舵面在中立位置很容易出现间隙。如果出现明显的间隙将对模型飞机在空中的飞行与操纵带来非常不利的影响，使模型飞机既飞不稳也飞不直。在舵面中立位置时，用手轻轻触摸舵面的间隙（见图3-95），舵面的最大间隙不能超过1mm。出现舵面间隙的原因很多，既有舵机本身精度问题，也有安装上的问题。首先要避免不良安装方法，注意舵机摇臂、舵面摇臂开孔的大小以及连杆的连接间隙等。

图3-95 舵面间隙的检查

第四章
模型飞机的动力系统

遥控模型飞机的动力系统有很多种，常见的有发动机、电动机两大类，刚刚入门的爱好者接触最多的还是发动机，而且从目前的实用性和使用成本上看，发动机仍然会有很长的使用时间。

本书将电动机与调速器、电池等电动遥控模型飞机主要部件列为第八章，方便读者阅读。

一、发动机的种类

发动机种类有很多，既有模型飞机用的，也有模型舰船和模型车辆用的，不同用途的发动机结构、性能各不相同。仅仅用于遥控模型飞机的发动机就有很多种，常见的种类如下。

1. 按工作方式分类

模型飞机用的发动机按工作方式可分成两行程（冲程）发动机（见图4-1）与四行程发动机（见图4-2）。两行程发动机的活塞往返一次完成一次做功，因此两行程发动机的转速较高。两行程发动机结构简单、调整方便、价格较低而且重量轻，经常用于低成本的中小型模型飞机。其缺点是扭矩比较低，而且油耗高、噪声大。目前较为普及，在入门飞行阶段仍然是主力动力系统。四行程发动机做功一次活塞要往返两次，因此转速较低、油耗低、噪声也小。四行程发动机的扭矩较大，可以带动较大规格的螺旋桨，飞行更稳，经常作为特技模型飞机和象真模型飞机的动力。但四行程发动机的结构比较复杂，使用起来比两行程发动机麻烦，尤其是推重比不及前者。

图4-1　两行程发动机

图4-2　四行程发动机

2. 按工作原理分类

按工作原理可以分为活塞式发动机、转子式发动机、喷气式发动机等。凡是利用活塞在汽缸里的压缩运动的，都称之为活塞式发动机，这也是大多数模型飞机的动力方式。尽管活塞式发动机的工作效率较低，但它结构简单、可靠性高。转子式发动机也称三角活塞式发动机，是一种工作效率较高的活塞式发动机，但因技术上还存在一些有待解决的问题而未能被大量普及。喷气式发动机有两种，一种是脉冲式喷气发动机，它的结构简单，但由于寿命短、噪声极大和操作繁琐，模型飞机上几乎不用，现在使用的喷气发动机主要是指离心式喷气发动机。这种发动机由于造价昂贵，同时需要很大的飞行场地，因此国内只有少量爱好者使用。

3. 按使用燃料分类

一般分为甲醇发动机和汽油发动机。由于中小型模型飞机对发动机的重量有较高限制，甲醇发动机因不用携带辅助点火系统而重量较轻，加上使用方便，同时燃烧效率较高，因此大部分模型飞机都使用甲醇发动机。甲醇发动机最大的缺点是燃料的使用成本很高，尤其是大排量发动机，燃料的消耗是笔可观的花费，因此在大级别的模型飞机中（主要指翼展超过2m的模型飞机）更多使用汽油发动机。

本书主要介绍两行程甲醇发动机，因为它有很强的实用性和代表性，学会使用这种发动机也能为以后使用其他种类的发动机打好基础。

4. 按发动机汽缸数分类

对于活塞式发动机，现在使用最多的是单缸活塞式发动机，因为它结构简单、效率高并且易于调整，因此有广泛的群众基础。而多缸活塞式发动机由于结构复杂重量大，各个汽缸之间配合不容易协调因此使用的人数较少。

二、两行程发动机的结构与组成

见图4-3。

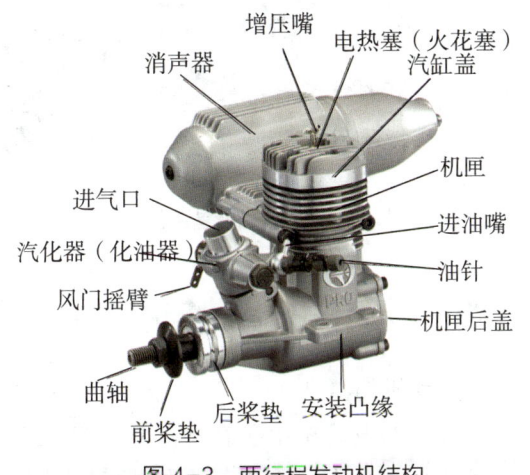

图4-3 两行程发动机结构

三、如何选择与购买一台发动机

遥控模型飞机的发动机级别型号众多，作为一名初学者如何在种类繁多的商品中选择适合自己的产品呢？不妨参考以下要点进行。

（1）对于遥控模型飞机的入门爱好者来说，使用遥控模型教练机，从实用和经济的角度适宜选用两行程甲醇发动机。

（2）其次要根据模型飞机级别确定发动机的级别，其配合可参考表4-1。发动机的级别是按汽缸的工作容积计算的，计量单位有公制（mL）和英制（级），现在多以英制单位为主，它们的换算见表4-2。

表4-1 根据模型飞机确定发动机级别

发动机级别/级	模型飞机翼展/m	模型飞机飞行重量/g
10~15	0.8~1	800~1000
15~20	1~1.25	1000~1200
20~25	1.25~1.3	1200~1400
25~30	1.3~1.35	1400~1800
35~40	1.35~1.4	1800~2200
40~45	1.4~1.5	2200~2500
45~50	1.5~1.6	2500~3000
50~60	1.6~1.8	3000~4000

表4-2 发动机单位换算

发动机英制级别/级	发动机公制级别/mL
09	1.5
10	1.6
15	2.5
20	3.3
21	3.4
25	4.0
30	4.9
32	5.2
35	5.7
40	6.5

续表 4-2

发动机英制级别/级	发动机公制级别/mL
45	7.4
46	7.5
50	8.2
52	8.5
55	9.0
60	9.8
61	10.0

（3）选择发动机的品牌。对于遥控模型教练机来说只要发动机工作稳定可靠、易于调整就可以了，不必过于追求发动机的品牌与名气。只要了解一下某品牌发动机的市场占有率和爱好者的口碑就可以明确选择目标了。国内爱好者常用的发动机品牌有雷虎、OS、三叶等。

（4）挑选一台新的发动机先看一下外观，优质的发动机外观细腻精致，质量较差的发动机外观一般比较粗糙。发动机外观的精致程度通常也反映了发动机的加工水平。

（5）用手转动发动机轴（见图4-4）（此时不装电热塞），发动机轴及活塞应顺畅地旋转，但活塞运动到汽缸顶点（上止点）时摩擦力加大也属正常。因为新发动机大多未经磨合，活塞和汽缸配合较紧，但如果发动机轴旋转时发出"咯咯嗒嗒"的声音，或活塞卡在汽缸某一位置很难运动甚至发出"嘎嗒"声，这样的发动机建议不要购买。最后还要检查汽化器（化油器）的风门、油针等小零部件在旋转时是否有间隙（见图4-5），可千万不要小看这些环节，它们往往是造成整台发动机无法使用的罪魁祸首。

（6）安装上电热塞（火花塞）或用手指堵住汽缸盖的电热塞安装孔，再转动发动机轴（见图4-6），活塞向上运动开始压缩空气时应具有明显的压力和弹性，如果缺少这种感觉而且压缩时从汽缸排气口溢出大量气泡，说明这台发动机存在着严重漏气，建议不要选购（溢出少量气泡属正常现象）。

图 4-4　检查发动机轴及活塞的运动

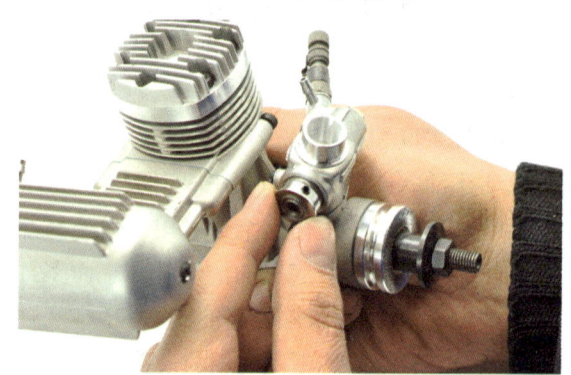

图 4-5　检查小零部件

图 4-6　检查发动机是否漏气

四、发动机的清洗与磨合

1. 发动机的清洗

一台新的发动机由于在加工过程中难免有金属碎屑掉落在机匣内部，如果直接使用会严重损坏发动机，因此要将新发动机主要的运动部件拆解清洗。

（1）首先将发动机按说明书的介绍拆解（见图4-7），汽缸盖、机匣后盖、汽缸衬套、活塞、连杆、汽化器等（机匣里的前后轴承一般不要拆卸），要记住活塞的前后方向、机匣后盖和汽缸盖的安装角度以及每颗螺钉的位置，以免在组装时弄错。

（2）在容器内倒满清洗剂，将拆下的发动机零件泡在清洗剂里清洗（见图4-8）。可选煤油、汽油、甲醇，但严禁将橡胶材料泡入煤油和汽油，因为这两种清洗剂会使橡胶膨胀、老化。首先转动发动机轴洗出残留的金属碎屑，直到感觉曲轴转动时轻快平顺就可以了，然后洗净活塞和汽缸衬套。清洗好的零件放在白纸上阴干备用（见图4-9），不

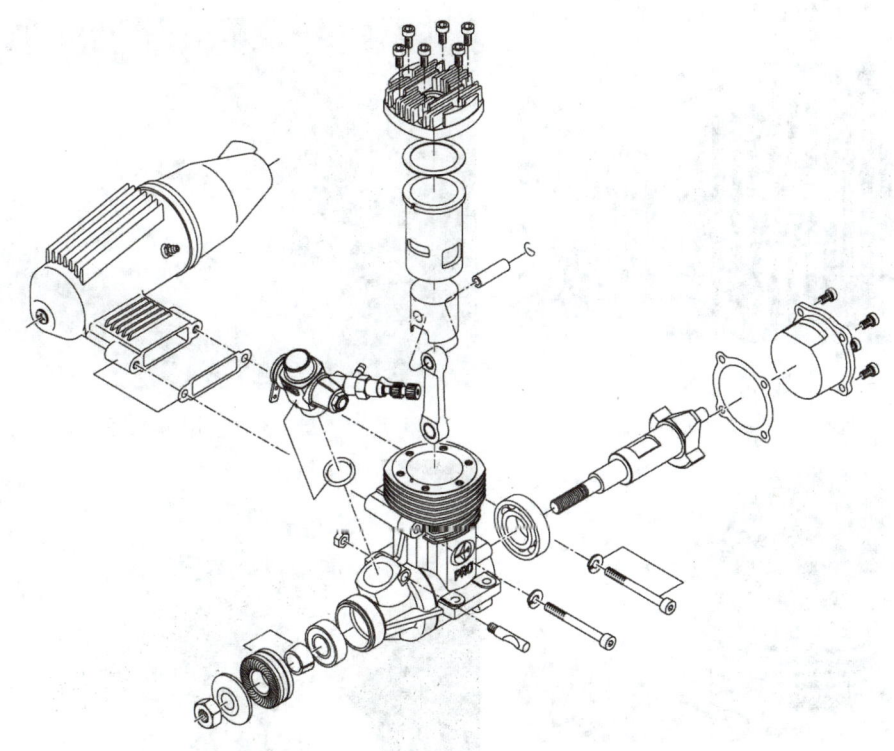

图4-7　发动机分解图

图4-8　清洗零件

图4-9　阴干零件

要用布和卫生纸去擦拭，以免使布丝或纸屑残留在机匣内。

（3）所有的零件清洗干净后按拆卸时的顺序反向安装回去，但注意在安装机匣后盖和汽缸盖时，几枚螺钉一定要按对角线的顺序分几次逐次加力将螺钉拧紧（见图4–10），否则不仅会损坏发动机的零件，而且会使发动机漏气。为了避免在拆卸的过程中改变汽缸衬套的位置，因此不少发动机会在汽缸衬套的边缘位置镶嵌定位销，保证位置的准确（见图4–11）。

图4–12　金属磨合台

图4–10　按顺序拧紧螺钉

图4–13　木质磨合台

图4–11　汽缸衬套边缘定位销

2. 发动机的磨合

新发动机有很多零件并未配合得十分顺畅紧密，如果拿来直接使用可能会严重损坏发动机，因此一定要经磨合后才能使用。发动机应该固定在专用的磨合台上进行磨合。磨合台一般有金属（见图4–12）和木质（见图4–13）两种。金属磨合台一般可以随意调节安装孔宽度以便适合各种规格的发动机，金属磨合台也应固定在牢固的木制台架上（见图4–14）。

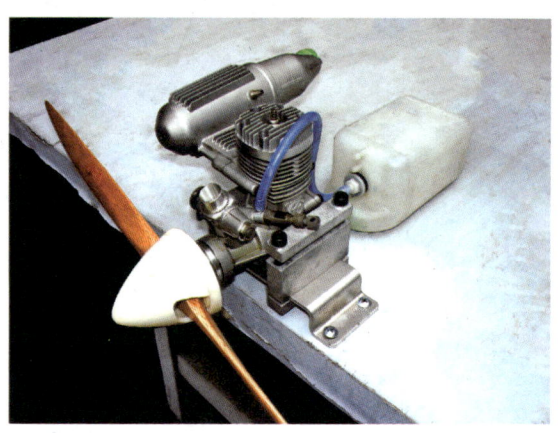

图4–14　固定磨合台

一般情况下发动机要固定在磨合台上进行磨合，但如果爱好者不具备这些条件时也可以把发动机固定在模型飞机上磨合，但要注意模型飞机不要晃动、振动，并且最好由助手扶住模型飞机进行磨合（见图4–15）。为了安全还要用绳子挂住机尾防止模型飞机冲出（见图4–16）。

易自动流到发动机里造成富油,油箱太低又不利于发动机吸油。风门连杆可以手动操作。

(2)给发动机选择合适的螺旋桨。磨合用的螺旋桨和正常飞行用的螺旋桨不同,磨合用螺旋桨重量应大些、直径应小些,螺距(桨距)要大些,以便于增加发动机的起动能力和鼓风能力。螺旋桨与发动机的匹配见表4-3。

图4-15　磨合时要扶牢模型飞机

图4-16　磨合时用绳子挂住机尾

不管怎样磨合,磨合场地的地面要清扫干净,不要有沙粒,并确保发动机的前后方向留有足够的空间,既有利于空气的流通,也防止气流的反转搅动沙粒。下面以发动机固定在模型飞机上的磨合方式为例进行介绍。

(1)固定发动机和油箱并连接好油路和风门连杆,油箱的高度要基本和汽化器的水平高度一致(见图4-17),油箱位置太高油容

表4-3　螺旋桨与发动机的匹配

发动机级别/级	磨合用螺旋桨规格(直径×螺距)/in[①]	飞行用螺旋桨(直径×螺距)/in
10	7×5	7×4、7×5
15	7×5、8×5	8×4
20、21	8×5、8×6	8×5、9×4
25	9×6	9×5、10×4
30、32	10×6、10×7	10×5、10×6
35	10×6、10×7	10×5、10×6
40	10×7	10×6、10×7
45、46	10×7、11×7	10×7、11×6
50、52	11×6	11×7、12×6
60、61	11×8	12×6、12×7、12×8

(3)将螺旋桨安装到发动机轴上,并拧紧发动机轴螺母和前桨垫。注意安装的角度:用手指拨动螺旋桨,当感觉活塞开始运动到压缩行程、手指感觉有弹性时,螺旋桨应处于水平或上抬30°的位置(见图4-18)。如

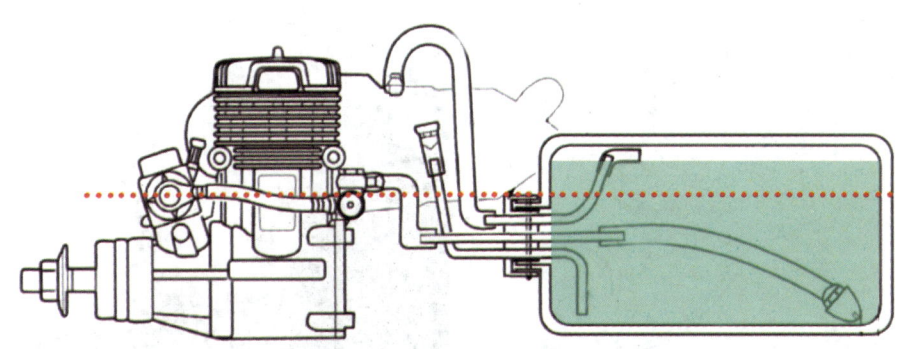

图4-17　油箱的高度要和汽化器一致

---

① 1in=25.4mm。

位置不对应，适当拧松发动机轴螺母调整螺旋桨位置，螺旋桨位置调整好后一定要再次用力拧紧发动机轴螺母，直到不能拧动为止（见图4-19），否则螺旋桨很容易在高速旋转时甩出，造成危险。

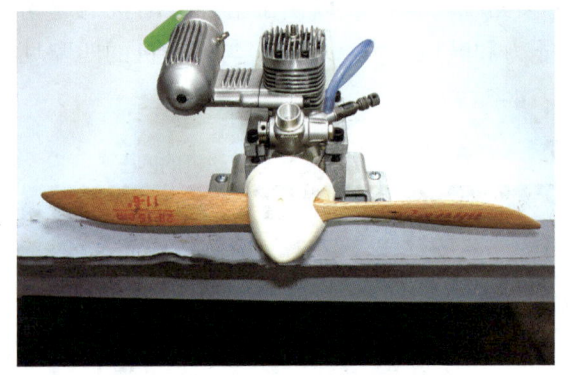

图4-18　螺旋桨安装角度要正确

图4-21　全开汽化器风门

（5）用油针调节进油量（见图4-22）。先将发动机油针旋紧关死，然后再反方向旋开油针2圈，打开油路。不同品牌的发动机油针旋开的圈数不同，但一般2~3圈后发动机基本都处于富油状态，从富油状态开始调整发动机。

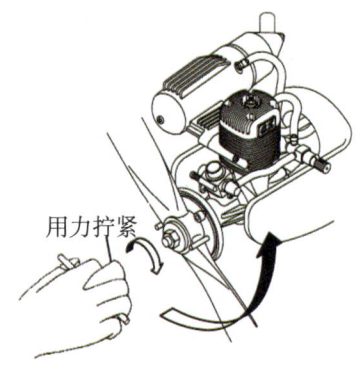

图4-19　拧紧发动机轴螺母

（4）注意汽化器风门开闭的方向（见图4-20），将发动机汽化器风门打到全开状态（见图4-21）。

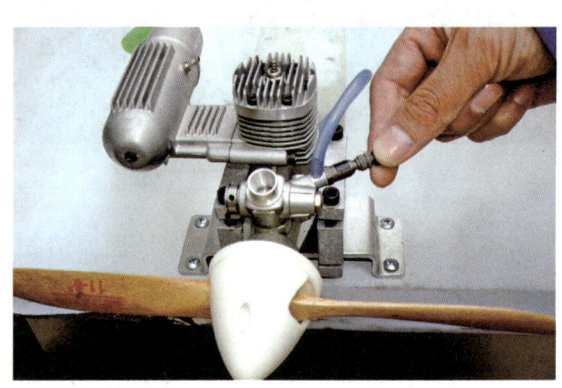

图4-22　用油针调节进油量

（6）用左手拇指堵住发动机汽化器进气口，右手食指快速连续拨动螺旋桨2~3圈（见图4-23），可以看见油料经过油管被吸入汽化器内。

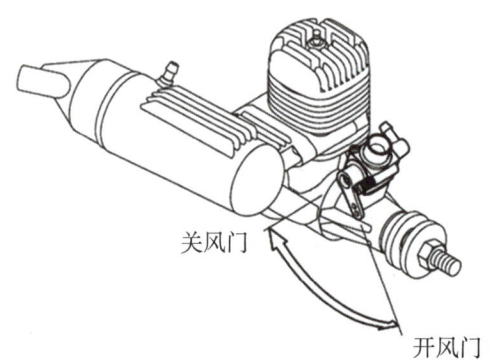

图4-20　汽化器风门开闭方向

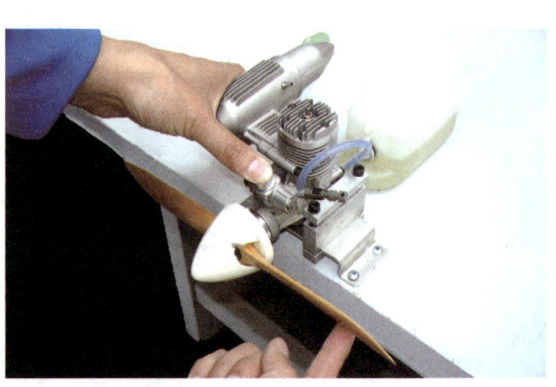

图4-23　检查发动机吸油

（7）放开左手拇指，用右手食指快速逆时针连续拨动螺旋桨（见图4-24），如果感觉发动机变得很有弹性，发出"啪啦啪啦"声音时，说明油料进入汽缸的比例比较合适，油料雾化得较好，可以加电起动了。

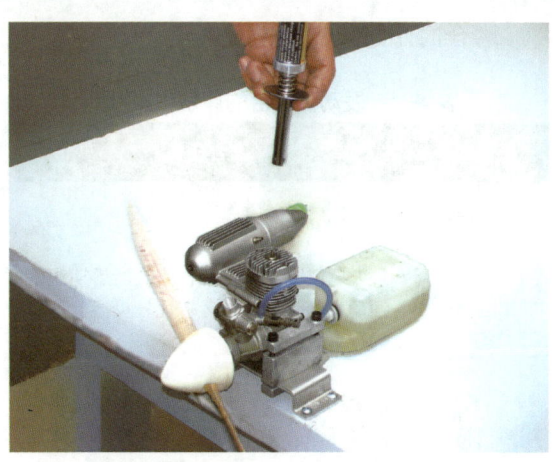

图4-26　发动机起动后取下点火器

图4-24　检查油料混合

（8）给电热塞通电，用起动器起动发动机（见图4-25），此时发动机应发出"啪啪"的爆鸣声，直到螺旋桨连续旋转工作。发动机连续工作后应马上取下点火器（见图4-26）。如果刚一取下点火器发动机就停车，说明发动机有些富油，可以关闭半圈油针，再次起动发动机，反复调整油针，直到发动机可以连续工作。

（9）根据发动机的转速调整油针。油针的开关方向见图4-27。

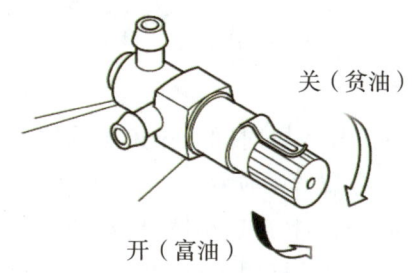

图4-27　调整油针

旋紧/关小油针发动机转速会提高趋向贫油状态（进油量小进气量大，称之为"贫油"）。旋松/开大油针会使发动机转速降低趋向富油状态（进油量大进气量小，称之为"富油"）。贫油和富油都不是发动机正常的工作状态，由于在贫油工作下发动机润滑效果差，对发动机的磨损十分严重，因此要避免发动机在贫油状态下长时间工作。富油时润滑油含量充足，而且转速较低，因此在磨合的初期要使发动机保持富油状态工作，但要使发动机转速均匀稳定，如果发动机转速忽高忽低，需要用油针来调节转速。

（10）发动机工作一段时间转速会逐渐升高，属正常现象，但在第一箱油使用过程中转速变化太大可以调整油针降低转速，以免损伤发动机。

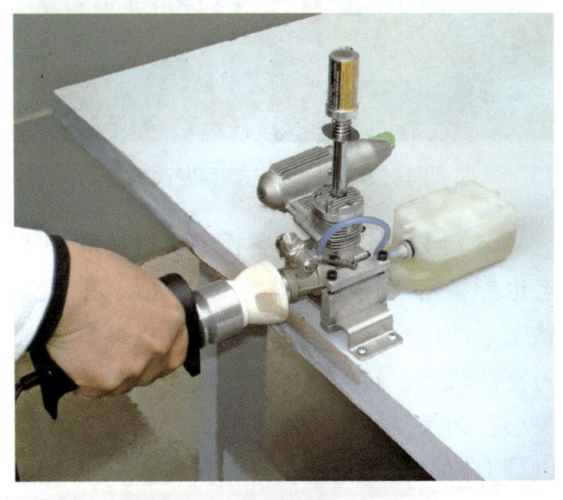

图4-25　用起动器起动发动机

磨合的计划和安排见表4-4。

表4-4 发动机磨合的计划和安排

磨合顺序	磨合任务
第一箱油	大风门富油磨合。
第二箱油	大风门富油磨合,在磨合的后期观察发动机的状态,如运转比较灵活,可以进行下一步骤。
第三箱油	大风门磨合,在富油的基础上适当提高转速,每隔1~2min开大油针,降低转速。
第四箱油	大风门磨合,比上一阶段适当提高转速,每隔5min再次关小油针适当提高转速,最后以较高转速磨合1~2min。
第五箱油	调整风门,使发动机在低速和高速之间变换转速磨合。

发动机工作一段时间后排出黑油这是磨合中排出的金属碎屑所致,属于正常现象,一般在消耗2箱油料后这种情况会改善。

磨合好的发动机用手拨动螺旋桨应感觉极富弹性,每个零件活动顺畅,如果发动机长时间工作,不会因温度过高而停车,也不再出现排黑油现象。此时的发动机就可以装在模型飞机上正常使用了。

五、发动机的使用与调整

(1)将磨合好的发动机换上飞行用的螺旋桨并且给油箱加满油。

(2)用遥控器调节发动机汽化器风门。

(3)起动发动机,在大风门状态下将油针逐渐关小,使发动机转速升高,直到发动机转速升高到马上要停车时,迅速开大油针(3~4格),恢复发动机转速并使发动机在最大转速状态下稳定工作(非贫油状态)。如有停车趋势时用拇指快速堵一下排气管,使发动机迅速恢复供油,防止因贫油而停车。此时可以拿起模型飞机保持水平状态(见图4-28)。

图4-28 水平姿态调整发动机

(4)拿起模型飞机将机头逐渐向上抬起,一般发动机转速会明显升高甚至有停车趋势,这时迅速恢复模型飞机至水平姿态(此时为避免发动机停车,可使模型飞机迅速低头或快速用手指堵一下发动机的排气口,使发动机强制吸油以防止停车),然后将油针开大后再抬头。反复调整油针直到发动机在抬头的状态下也能够稳定地工作。

(5)按上述方法调整直到模型飞机垂直抬头向上,发动机也能稳定工作而且转速基本与水平状态相同为止(见图4-29)。

图4-29 垂直姿态调整发动机

(6)按上述方法调整模型飞机在低头状态也能稳定工作(见图4-30)。由于在低头状态下油位变高油压变大,发动机可能表现为富油状态,转速会降低,因此一般油针要关小。如果模型飞机刚一低头有停车趋势可以马上使模型飞机抬头提高转速。反复调整使发动机在低头状态下也能正常工作。

第四章 | 模型飞机的动力系统

图 4-30　低头姿态调整发动机

（7）最后手持模型飞机反复在水平、抬头、低头状态下测试（见图4-31），调整油针找到均衡点，使发动机在各种状态下都能稳定工作为止。

图 4-31　在各种姿态下调整发动机

（8）再次将模型飞机水平放在地面，用遥控器关小发动机汽化器风门，开度大约为1mm（见图4-32），调整发动机的怠速状态。当风门关到怠速状态时，正常情况下发动机应该以稳定的低速工作，并且可以在不用手持的情况下安全停止在地面不会前进，此种状态称为"怠速"。

图 4-32　关小汽化器风门

（9）如果发动机一关小风门就停车，要分析停车的状态和原因。

如果发动机关小风门后发出"噗噜噗噜"的声音，感觉很憋闷，停车很迅速，多半是因为富油而停车，需用细螺丝刀将怠速油针关小（见图4-33），每次以1/8圈为单位。再次起动试验，直到发动机在怠速状态下也能稳定工作。

图 4-33　拧紧怠速油针

如果发动机风门关小后停车的声音比较干脆，而且停车时间较迟缓，甚至有瞬间转速升高的现象，一般是发动机贫油了，需用细螺丝刀将怠速油针开大，每次以1/8圈为单位。再次起动试验，直到发动机在怠速状态下也能稳定工作。

（10）当怠速基本调整好后，用迅速开大油门的方法来检查。如果迅速开大油门，发动机的跟随性很好，加速迅速，说明怠速油针调节基本合适。如果迅速开大油门，发动机马上停车，或是先有停车的趋势后又迅速提高了转速，说明怠速油针关小了，应适当开大怠速油针。如果迅速开大油门，发动机转速反应迟钝，慢慢转速才提升起来，甚至会发出"噗噜噗噜"的声音，或从汽化器进气口内往外迸出很多油，甚至会停车，说明怠速油针开大了，应适当关小怠速油针。

（11）最后将发动机处于怠速状态，拿起模型飞机，处于抬头、水平、低头的状态，像检查大风门的情况一样检查怠速状

59

态,如遇转速不稳定的情况,同大风门调整一样来调整怠速油针即可。

调整怠速油针是一项很细心同时要求具有丰富经验的工作,初学者不要着急,慢慢去体会,多总结多交流,积累自己的经验。

六、四行程发动机的使用

四行程发动机油门的调整和两行程发动机一样,可以参考前面的方法进行。但四行程发动机结构比较复杂,比如调整发动机的气门间隙和正时齿轮。

四行程发动机是通过气门顶杆控制进气门和排气门的,而金属材料在高温下会膨胀,如果调整发动机时不考虑金属材料的热胀冷缩情况,那么四行程发动机在起动后,受热膨胀会使气门无法关紧,发动机不能正常工作,因此要在冷车状态下调节气门与顶杆之间间隙。

转动曲轴使活塞在压缩过程中处于上止点位置,此时气门顶杆和气门是不受力的,可以把测量气门间隙的专用工具——塞尺(见图4-34)插入气门间隙中检查(见图4-35),大部分四行程发动机会在包装里配给一副专用塞片。塞片如果无法塞进气门间隙说明气门间隙小了,如果塞片在间隙中还留有余量说明气门间隙大了,正常情况下塞片要刚好插入气门间隙中并有一定的摩擦力。一般情况下,四行程发动机的进气门间隙约为0.04mm、排气门间隙为0.1mm,具体间隙量可参考发动机的说明书。

图4-35 检查气门

四行程发动机的正时齿轮决定着发动机吸气、压缩、做功、排气的时机,拆卸发动机时千万不要弄错正时齿轮的位置,否则发动机将无法工作。正时齿轮的侧面一般都刻有标记用的小圆点,当活塞运动到上止点位置时,小圆点应该在气门顶杆的延长线上(见图4-36)。

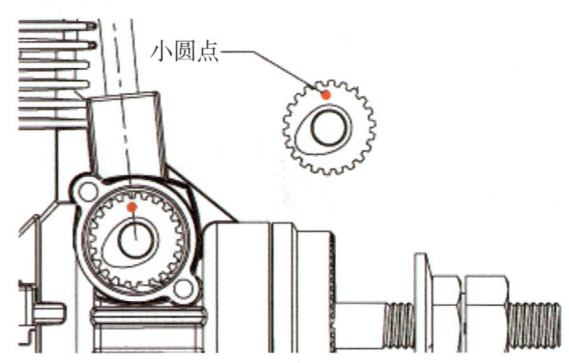

图4-36 正时齿轮安装要正确

四行程发动机由于活塞上下运动两次才完成一次做功,因此汽缸热惰性较小,为了防止电热塞熄灭,四行程发动机要使用加长的专用电热塞(见图4-37)。

图4-34 塞尺

图4-37 加长电热塞(左)

七、发动机的燃料

现在的发动机一般使用商品燃料（见图4-38），虽然商品燃料的品牌不同但燃料的主要成分一般均为燃烧剂、润滑油、添加剂等。商品燃料的型号主要以添加剂中的硝基甲烷含量作为标准，常用的标准有5%、10%、15%、20%、25%、30%等几种。随着硝基甲烷含量的提高，价格也越高，但并不是硝基甲烷含量越高越好，应该根据具体情况和使用的人群选用（见表4-5）。

表4-5 发动机燃料选择

燃料中硝基甲烷含量	适用情况
5%	新发动机或入门的爱好者，以及只需要提供发动机稳定性。
10%	有一定经验的入门爱好者。
15%	需要适当提高发动机马力或一般飞行。
20%	需要提高发动机马力或一般飞行。
25%	用于一般的比赛。
30%	希望在比赛中提供更强的马力。

在磨合阶段，为了保护发动机，一般使用自配的不含硝基甲烷的油料。它由甲醇和蓖麻油组成，配比为甲醇75%~80%、蓖麻油20%~25%（见图4-39），将两种原料混合均匀就可以使用了。这些原料从化学试剂商店或化工商店都可以买到。

要注意燃料中的很多原料都有毒性，在使用过程中注意安全，要在通风的工作间调配燃料，注意防火、严禁入口！

八、发动机的螺旋桨

发动机的螺旋桨主要由木质和合成材料两种制成（见图4-40）。

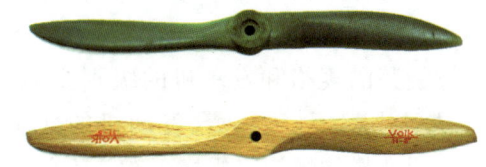

图4-40 螺旋桨

木质：一般由密度较大的材料制成，常用的材料有桦木、榉木、胡桃木、层板等。木质材料加工取材比较容易，价格也比较低，适合普及。

合成材料：常见的有塑料、尼龙、玻璃钢、碳纤维等。合成材料中用得最多的是尼龙材料，尼龙桨有很多优点，尤其是材质密度的一致性是木质材料无法相比的。在尼龙螺旋桨里性能最优秀的是美国的"APC"品牌，但价格也比木质桨高，国内还有不少厂家仿制过"APC"桨，但性能略差。

优质的螺旋桨在工作时噪声小、不易变形、有一定强度和韧性。挑选螺旋桨时先要看看螺旋桨的外观，桨的表面要光滑整洁，然后再用螺旋桨平衡器检测一下螺旋桨左右桨叶重量是否一致（见图4-41），如没有螺旋桨平衡器可以用大头针等工具简单试一试。

图4-38 商品燃料

图4-39 油料配比

图4-41 检测螺旋桨左右桨叶重量

新的螺旋桨轴孔一般较细，主要是考虑不同品牌、型号的发动机轴直径并不一致，如果轴孔太大可能会出现间隙。先将发动机轴的直径大小用卡尺测量准确，然后用同样规格的钻头在台钻上扩孔。扩孔时要分别从螺旋桨两面各钻透一半的深度，直到两面打通，之所以这样做是为了避免将螺旋桨轴孔打歪，因为打歪轴孔的螺旋桨工作时振动十分厉害，会损坏发动机！

螺旋桨的规格和发动机的级别要匹配，过大或过小都不好。一台发动机的性能再好，如果选择的螺旋桨规格不对，不仅达不到预期的飞行效果，还会损坏发动机。怎样给一台发动机配上合适的螺旋桨呢？

（1）每台发动机都有一个固定的螺旋桨的使用范围，这个数据可以查阅说明书和相关的资料。一台发动机可有几种规格的螺旋桨能选择，但它们的工作效果会不一样。不同品牌的发动机性能也各不相同，即使是同一级别也可能使用不同规格的螺旋桨。在初次为发动机选择螺旋桨的时候，可在螺旋桨规格的范围内选择适中的一种先试试看。例如，46级发动机可以使用10×7、11×6、11×7等几种规格，那么我们可以先试试11×6规格的螺旋桨，之后再用其他几种规格的螺旋桨进行比较，最终确定性能、效果最好的一种。

（2）根据飞行任务的需要，选择不同规格的螺旋桨，由于飞行要求不同，所选择螺旋桨的规格也可能是不同的。首先，要了解不同种类模型飞机的飞行特点和风格，比如，遥控模型教练机飞行速度较低，特技模型飞机飞行速度适中，老式象真战斗机模型平飞速度较快等。

（3）选用适当螺旋桨可以改良模型飞机性能，如果一架装有46级发动机的模型飞机由于飞行重量较大，原本应该使用11×6的螺旋桨，但现在却感觉爬升吃力，那么换用11×5或12×5的螺旋桨可能情况有所改善。

（4）选择螺旋桨时不要超出使用范围，如果选择了超出使用范围的螺旋桨，不仅达不到使用要求，甚至会损坏发动机。例如，一架特技模型飞机，如果为了降低飞行速度而使用更大的螺旋桨，平飞速度虽然降低了，但却导致垂直爬升无力，而且由于螺旋桨的规格超出合理范围，发动机载荷增大，发动机的曲轴销孔很快就会被磨出间隙，继而影响到发动机的分气定时致使发动机功率和稳定性下降。科学的做法是用油门控制飞行速度，但不要把油门当成开关。

九、发动机电热塞

电热塞俗称火花塞，它是发动机的点火装置。电热塞在性能上分为冷性、中性、热性三种，每个品牌的电热塞特性的编号是不一样的，要根据说明书介绍选择。一般情况下可以选用中性。

冷性电热塞相对放热效率较低、电热丝直径较粗，丝的螺旋直径较小。热性电热塞此方面特性正好相反，通过肉眼仔细观察完全能够分辨清楚！什么情况下使用什么性质的电热塞呢？一般根据发动机的使用环境选择电热塞。如果发动机的工作温度较高，并使用甲烷含量高的燃料，最好使用冷性的电热塞；如果发动机的工作温度较低，并使用甲烷含量低的燃料，最好使用热性的电热塞；大级别的发动机由于热惰性好，可以使用冷性的电热塞，小级别的发动机热惰性差，可以使用热性的电热塞。一般情况，使用中性电热塞就可以。四行程发动机的电热塞比两行程的尺寸长，不能用于两行程发动机的电热塞。有些电热塞为了防止发动机在怠速状态下，过浓的混合气将电热塞吹灭，在电热塞的端口处镶有怠速条，可以进一步提高怠速的稳定性。电热塞的工作电压一般在

1.2~2V,电压过低电热塞难点燃,电压过高电热塞会烧坏,一般情况下,1.2V、1000mAh的镍镉电池可以点燃各种规格的电热塞。电热塞是有一定寿命的,通常每飞行一段时间或是突然出现不正常现象时要及时更换新的电热塞。不正常的现象经常有以下几种。

(1)发动机突然没有点火爆破的声音,无法起动,一般是电热丝烧断了,这种现象对发动机的影响最大。烧断的电热丝残渣会划伤汽缸和活塞从而造成发动机的报废,因此电热塞最好时常检查,当发现电热丝表面没有原来光亮了,变得发暗,表面出现粗糙不平的灼痕时,电热塞该更换了。

(2)发动机突然工作不稳定了,尤其是急速时容易停车。

(3)发动机加点火电源起动都正常,但每当摘下点火电源后发动机就会停车。

使用电热塞时不要忘记搭配使用铜垫片,铜垫片一方面起到密封作用,另一方面起到维持正常压缩比的作用。

第五章
遥控模型飞机的遥控设备

遥控设备是模型飞机的"大脑",是对模型飞机直接发出动作指令的机构,遥控设备的好坏关系着飞行安全问题,尤其是对于那些飞行速度快飞行重量大的模型飞机。因此选购一套遥控设备,先要把安全性放在第一位,在毫无经验的情况下要听取资深专业爱好者的忠告,而不要只图便宜!目前在市场上的遥控设备主要是进口品牌Futaba、JR、Sanwa、Hitec,国产品牌近些年也渐渐流行,但目前的性能还良莠不齐,为了安全,应该做好严格检查后再使用,而且建议先在小型模型飞机上试用,再用于大型模型飞机。

一、遥控设备的种类

遥控设备的种类繁多,用途也各不相同,其中配置和功能也不同,因此首先要根据模型种类与用途选择遥控设备,遥控设备通常按用途和功能档次进行分类。

1. 按用途分类

根据用途遥控设备可分为飞机模型用设备和车船模型用设备(见图5-1)。车船模型用设备通常只具备2~3个通道,有些车船模型专用设备考虑到操纵者的特殊习惯而设计成"枪形",操纵方式也比较特殊。模型飞机用的遥控设备一般具有4个通道,并且通常采用双杆式的结构。

2. 按功能和档次分类

遥控设备按性能和功能差异以及价位可分为普通版、中级版、中高级版、高级版几种(见图5-2)。一般从普通版到中高级版较适合一般业余爱好者使用。

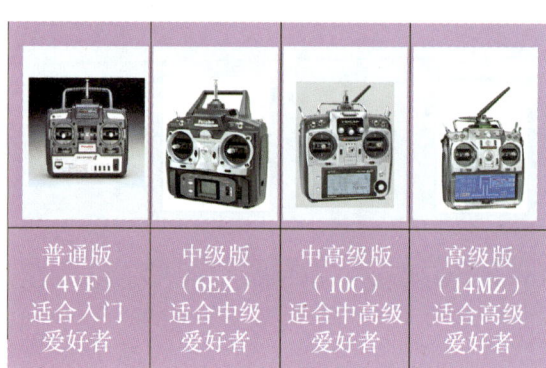

图5-2 遥控设备档次分类

遥控设备有通道数目之分。"通道"通俗地讲就是控制模型飞机动作的某项功能,每个通道可以控制模型飞机的一项功能。一般遥控模型飞机必须要控制副翼、升降舵、方向舵、油门4项功能,所以遥控器至少要使用4个通道,通道数宁多勿少。

二、遥控设备的组成

遥控设备一般由发射系统和接收系统两大部分组成(见图5-3),发射系统主要由发射机构成,接收系统主要由接收机、舵机、电源等组成。发射机的任务是发出指令及电

模型飞机遥控设备　　车船模型遥控设备

图5-1 遥控设备

子信号，而接收机用来接收发射机发出的电子信号，而舵机将接收机的电子信号转化为机械动作。遥控设备的各部位名称及作用见图5-4。

（1）发射机，操纵者发出指令的机构。

（2）操纵杆，发射机上用手指进行操纵的部件。

（3）微调，用来修正每个通道不正的飞行轨迹。微调开始放在中立位置，它只能在小范围内进行修正。

（4）电压表，用来显示发射机电压，当电压表的指针落入红区或发出报警信号，说明发射机处于低电压状态，应该马上降落模型飞机，否则会发生失控的危险！接收机一般不设电压表，因此应时常检查接收机电压！

（5）发射机开关，用来开关发射机的电源。

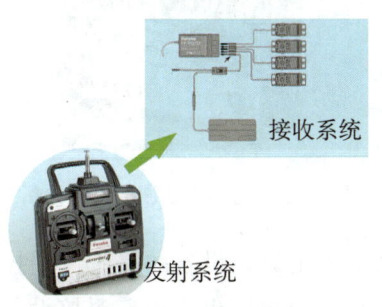

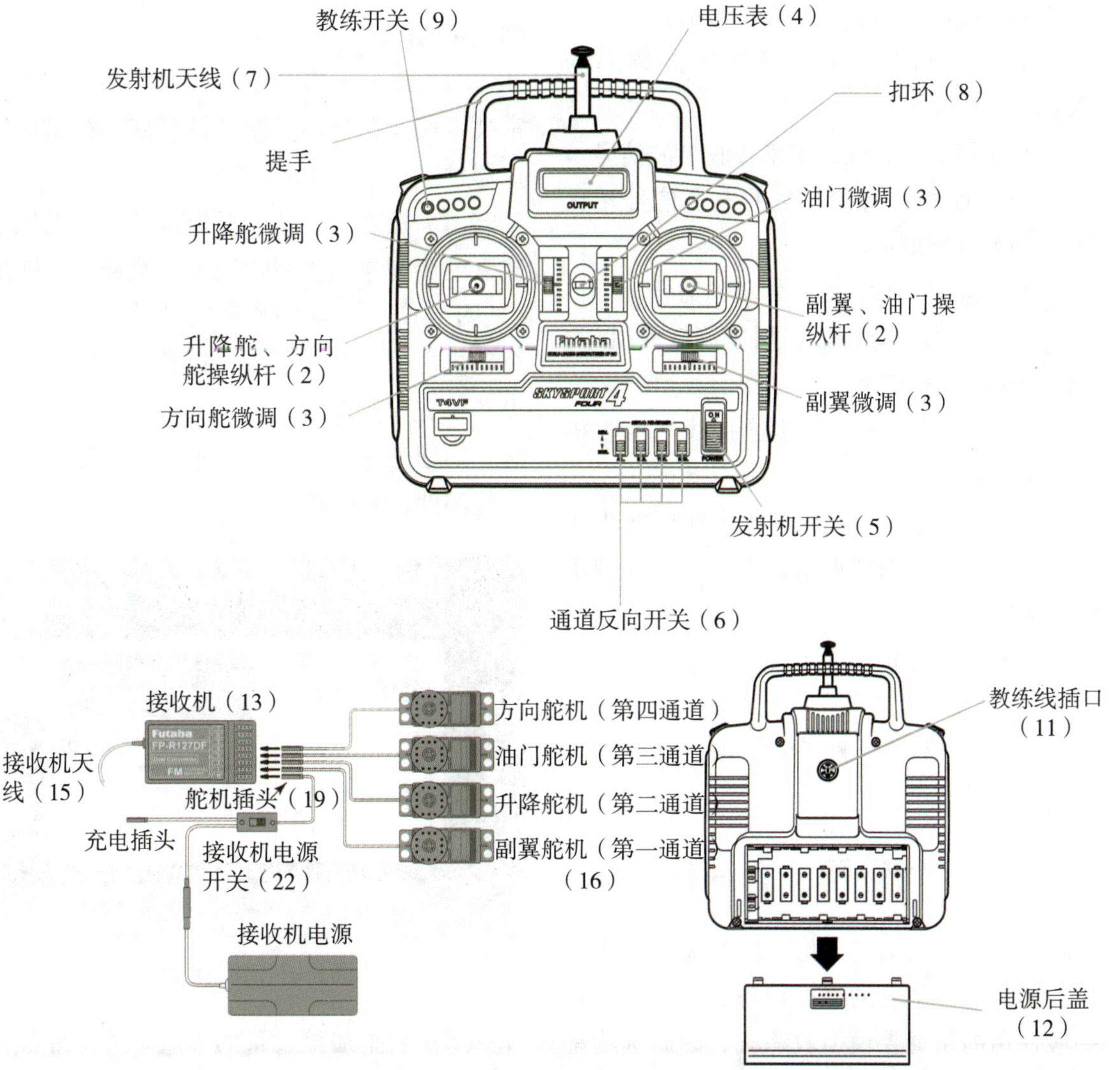

图5-3　遥控设备组成

图5-4　遥控设备各部位名称及作用

（6）通道反向开关，用来改变舵机转动方向。当一架模型飞机初步组装完成后，发现某个舵面的动作方向反了，可以将这个通道的反向开关拨到另一端，舵面的动作方向就和操纵一致了。

（7）发射机天线，用来发射电波信号。

（8）扣环，可以用背带扣住将发射机挂在颈部。

（9）教练开关。

（10）发射机晶体，决定发射频率的零件。

（11）教练线插孔，通过连接线将教练和学员的发射机串起来使用。

（12）电源后盖。

（13）接收机，接收电波信号的机构。

（14）接收机晶体，接收电波频率的零件。

（15）接收机天线，用来接收电波信号。

（16）舵机，将接收机的电子信号转化为机械动作的部件。

（17）舵机摇臂，舵机转动的力臂。

（18）舵机安装耳盘，用来固定舵机用，要配合减震胶垫使用。

（19）舵机插头，舵机连接线与接收机连接的插头。

（20）舵机插口，用于插接舵机插头的端口，插口有特殊的形状以避免舵机线的正负极插反。

（21）接收机电池盒，安装电池的安装盒。

（22）接收机电源开关，用来开关接收机电源。

三、如何选购一套遥控设备

（1）首先根据自己情况以及模型飞机的功能确定一套适合的遥控设备，由于初学者一般使用的是遥控模型教练机，因此选购一套普通版四通道遥控设备即可（见图5-5）。

图5-5　普通版四通道遥控设备

（2）确定遥控设备的品牌。遥控设备的品牌从另一个角度也决定着遥控设备的质量与安全。如果使用尺寸较大（翼展在1m以上）或者油动模型飞机建议爱好者选用大品牌厂家的产品。

（3）最好在有经验的朋友陪伴下到有丰富技术经验并且售后服务信誉好的模型店挑选器材。

（4）检查一套新的遥控设备。先按照包装盒的装配单检查零件数量及型号是否匹配（见图5-6）。一般四通道遥控设备只配给三个舵机，另一个需单购，还有些高级的遥控设备没有配置舵机，可根据爱好者的需要单购。四通道遥控设备一般不配给电池和充电器等部件，需单购。

图5-6　检查包装

（5）观察遥控设备的外观。质量好的遥控设备，其外观比较细致（见图5-7）。

图 5-7　观察外观

图 5-10　检查舵机

（6）用手感觉操纵杆在中立点附近是否有微小间隙（见图 5-8）。这些间隙足以影响模型飞机在空中飞行的稳定性和准确性。优质的遥控设备操纵杆在中立点不应有间隙。油门的操纵杆没有弹簧，只是自然停顿在某一位置（见图 5-9）。

图 5-8　检查操纵杆

图 5-9　油门操纵杆

（7）在不通电的情况下轻轻晃动舵机的摇臂，优质的舵机不应该存在明显的间隙（见图 5-10）。

（8）按说明书要求装好发射机、接收机电源并接通电路，用手扳动操纵杆，舵机应相应地做出动作。如舵机没有反应，或不听指挥乱动甚至发出明显异响都是不正常的，需做进一步检查。

（9）在室外，不拉出发射机天线，但接收机天线拉直情况下，发射机和接收机保持至少 10m 的距离还能可靠地工作，那么这套遥控设备可以购买。如果在 10 米之内舵机不能按指令正常工作那就应该做进一步检查了。

四、遥控设备的使用

（1）按说明书连接好电路。

（2）将操纵杆（尤其是油门操纵杆）处于中立位置，发射机各微调处于中立位置（见图 5-11）。

图 5-11　操纵杆、发射机微调中立

（3）将发射机和接收机天线拉直（室内调试可以不拉发射机天线）。

（4）打开遥控设备的电源开关。

（5）连接舵面连杆系统，各舵面都要处于中立位置，并试验舵机摇臂的运动是否正常。

（6）当发现舵面操纵方向相反时，可以将通道的反向开关扳向另一端。

（7）设备使用完毕后按顺序关机并收回发射机天线。

五、遥控设备的使用常识及注意事项

1. 遥控设备的使用电压

遥控设备的使用电压直接影响着模型飞机的飞行安全，如果遥控设备电压低于安全标准，模型飞机就会失去控制，而且失控的模型飞机不知会飞向何方，对建筑物及人群都会产生危险，所以一定要严查遥控设备的电压。

每种遥控设备的使用电压不完全一样，因此电压的最低标准也不相同，但市场上大多数遥控设备使用电压一般为：发射机9.6~12V，接收机4.8~6V。一般情况下，发射机电压低于8.5V会发出警告，通常采取两种方法：简单的发射机会用电压表提醒，当电压表指针由绿色区域跌入到红色区域时（警告区），需要立刻降落模型飞机，更换新电池或给电池充电；如果是高级发射机，不仅会用数字显示电压，还会通过声音报警，此时需要立即更换电池。接收机的正常工作电压在4.8~6V，大部分遥控设备的接收机没有报警装置，因此更需要注意随时检查接收机电压。一般飞行3~4个起落以后，采用"拉距离"的方法（见图5-12）来检查，如果10m以内遥控系统工作不正常，应马上更换接收机电池或充电，如果遥控设备在10m以上的距离还能正常工作，那么还可以继续飞行，不过后面的飞行应该更加频繁检查接收机电压。也有爱好者使用接收机电压警示灯，可以随时监测接收机电压，十分方便。但上述两种方法不管使用哪种，均要在模型飞机降

图5-12 "拉距离"检测

落后不关电源的情况下，并且在操纵所有舵面动作的情况下及时检查！因为遥控设备在不操纵和在关机后，耗电量极少，电压会有所回升，这时监测接收机电压是不准确的，很容易被"浮电压"的假象所蒙蔽！通常在几次外场飞行后，爱好者都会积累一定的经验，掌握自己的模型飞机连续飞行的时间。一般情况下，使用质量性能较好的干电池，可以飞行8个起落，使用1000mAh的镍氢或镍镉电池可以飞行12个起落，但这只是一般经验，只供参考！目前有些遥控设备采用了双向传输功能，接收机的电压可随时通过发射机进行检测，为安全使用提供了便利。

2. 发射机天线的使用

发射机天线一般采用可收缩的鞭状天线，要轻轻从顶端第一节逐节拉出（见图5-13），不可抓住第一节用力向外拉扯，收回时也要按原顺序逐节收回。发射机天线不应指向模型飞机飞行的方向，尽量和飞机保持较大的夹角（通常不超过90°），因为天线四周的方向是电磁波最强的区域。

图5-13　鞭状天线

3. 遥控设备开关的顺序

先打开发射机电源的开关，然后再打开接收机电源的开关，关闭时的顺序是先关闭接收机电源开关，再关闭发射机电源开关（见图5-14）。这样做的目的是防止接收机先被单独开通，受到外界信号干扰发生错误动作而造成危险！

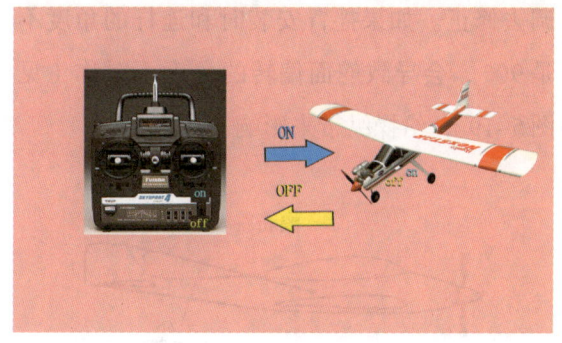

图5-14　遥控设备开关顺序

4. 接收机的减震处理

为了减小发动机给接收机带来的振动，接收机要用海绵包裹（见图5-15）塞在机舱内，一般处于电源后部不影响舵机工作的位置。

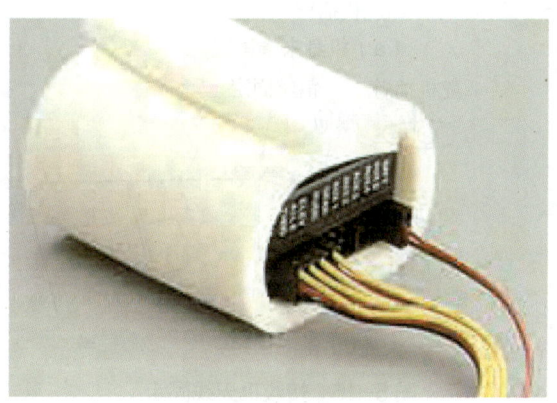

图5-15　接收机减震

5. 接收机天线的固定

接收机天线应从机身内部引出并用橡筋软固定在机身末端（见图5-16（a））或垂直尾翼（见图5-16（b））上并将其拉直。如果是2.4G接收机，两条天线尽量呈90°固定（见图5-17），以保证电波的接收强度。

6. 舵机摇臂的安装

安装舵机摇臂前，先要把摇臂拆下来，然后开通遥控设备，在各通道操纵杆及微调全部回中的情况下调整舵机摇臂的角度并重新扣好舵机摇臂，将摇臂与连杆保持垂直状态（见图5-18）。将每个舵角逐一试验，总会有一个舵角会保持90°，而尽量不要用微调去修正。如果摇臂安装时和连杆的角度不是90°，会导致舵面偏转的角度不对称（见图5-19），给操纵带来影响。

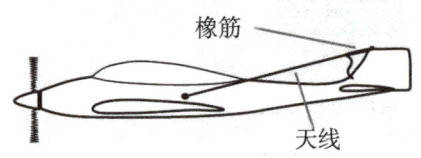

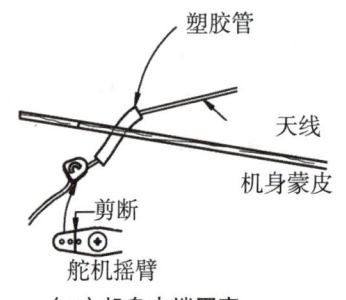

（a）机身末端固定

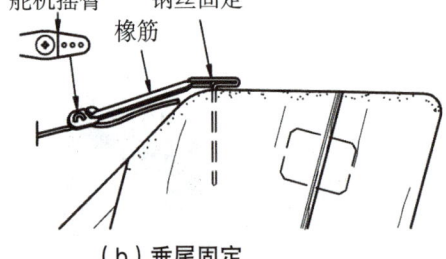

（b）垂尾固定

图5-16 接收机天线固定

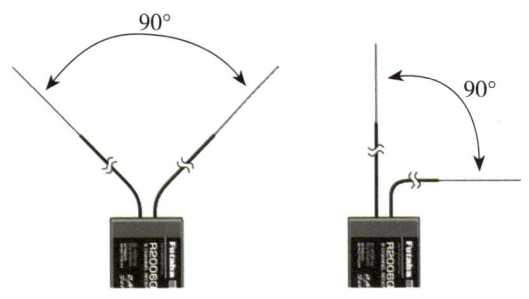

图5-17 2.4G接收机天线 垂直固定

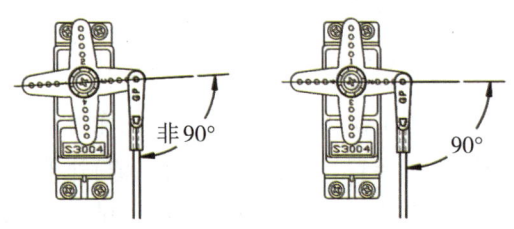

图5-18 连杆与摇臂垂直

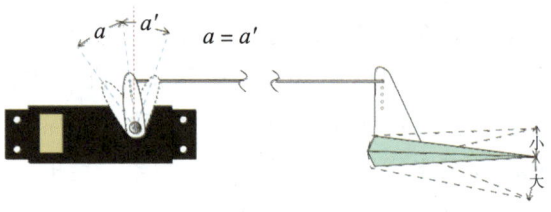

图5-19 舵面偏转角度不对称

7. 舵机的减震

舵机应用配套的减震胶垫和螺钉固定在机舱内的舵机安装孔或安装架上（见图5-20）。注意限位铜套应从减震胶垫下方穿入才能起到限位作用，防止胶垫被拧得过紧降低减震效果，只要螺钉刚好将胶垫压平即可（见图5-21）。

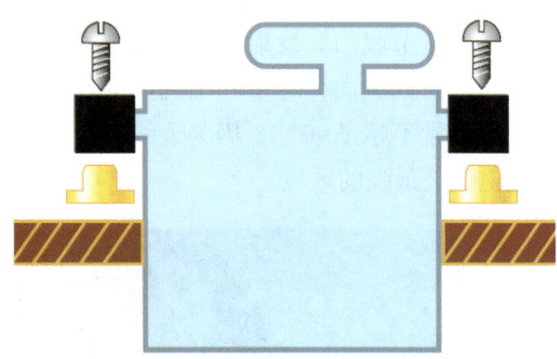

图5-20 使用减震胶垫和螺钉固定舵机

图5-21 适度拧紧螺钉

8. 舵机的固定

固定舵机一般是木质层板的舵机安装架，在安装架上预留了舵机的孔位，要检查孔位的开口尺寸比舵机的长宽尺寸（不包括舵机的固定耳盘）四周要大1mm间隙，例如舵机的长宽尺寸是40mm×20mm，那么安装架开孔的尺寸应该是42mm×22mm。这样在安装舵机时不仅便于舵机的出入，而且使舵机的壳体不和周围的安装架部分接触（舵机只有减震胶垫和安装架接触），这样进一步保证舵机的减震效果。

9. 遥控设备的频率

大部分遥控设备由石英晶体决定频率，发射机上的石英晶体用Tx表示，接收机上的石英晶体用Rx表示，拔下晶体盖可见晶体的频率数字（见图5-22），两者不能互换。

图5-24　禁止同频率设备同时使用

有些遥控设备的频率是可变的，在发射机和接收机上都有改变频率的旋钮（见图5-25），只要将发射机和接收机频率序号调节一致，重新开机后就可以使用了，选择频率时最好和飞行现场已知的爱好者使用的频率错过两个频点。常用的频率序号表见表5-1。

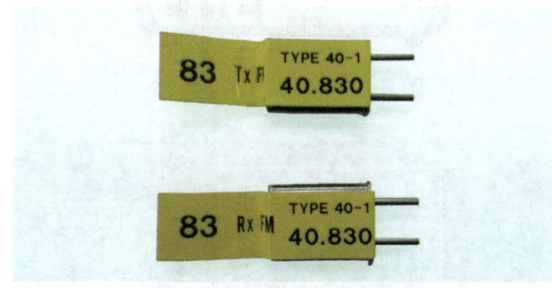

图5-22　遥控设备的石英晶体

遥控频率单位一般用MHz，小数点前面的称频段，小数点后面的代表此频段中的频点（见图5-23）。我国用于遥控模型飞机的频率主要是40MHz、72MHz频段，频点只局限于在频段内更换。

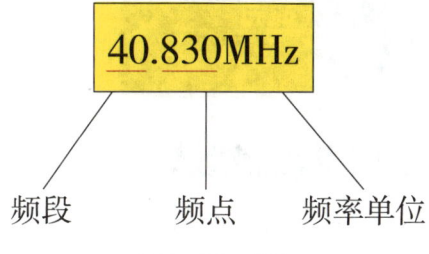

图5-23　频率

每台遥控设备都有一个发射频率，不同频率的遥控设备在一起同时工作不会互相干扰，相同频率的设备同时工作会互相干扰，因此严禁频率相同的设备同时开机操作（见图5-24），外场飞行时一定统计安排好频率的使用。

表5-1　常用的频率序号

频率序号	频率/MHz	频率序号	频率/MHz
11	72.010	36	72.510
12	72.030	37	72.530
13	72.050	38	72.550
14	72.070	39	72.570
15	72.090	40	72.590
16	72.110	41	72.610
17	72.130	42	72.630
18	72.150	43	72.650
19	72.170	44	72.670
20	72.190	45	72.690
21	72.210	46	72.710
22	72.230	47	72.730
23	72.250	48	72.750
24	72.270	49	72.770
25	72.290	50	72.790
26	72.310	51	72.810
27	72.330	52	72.830
28	72.350	53	72.850
29	72.370	54	72.870
30	72.390	55	72.890
31	72.410	56	72.910
32	72.430	57	72.930
33	72.450	58	72.950
34	72.470	59	72.970
35	72.490	60	72.990

图5-25　改变频率旋钮

目前，遥控设备的市场增加了2.4G设备，它很好地解决了同频的问题。在同一飞行场地使用2.4G设备可以互不干扰。

10. 遥控设备的发射方式

使用晶体的遥控设备发射电波信号的方式有几种，常见的有AM（调幅）和FM（调频），其中FM又包括PPM和PCM两种（见图5-26）。PCM的抗干扰能力是最好的，一般用于高级的遥控设备，但通常FM/PPM制式已经完全够用了，并且价格也相对便宜，不必非得选择PCM。

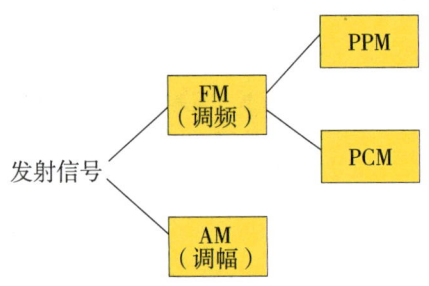

图5-26　发射信号分类

2.4G的发射机可以发射高速模式信号和低速模式信号，在高速模式下最好使用数字舵机，在低速模式可以使用模拟舵机。

11. 通道用途的安排

发射机操纵杆功能排序决定着每个通道舵机的作用，一般模型飞机具有4项基本功能就可以实现常规姿态的控制了。发射机的两根主操纵杆都是万向型的操纵杆，每个操纵杆可以对两个通道进行控制。操纵杆通道的安排如图5-27所示。接收机插口对应的通道

有的是用数字来标识，如Futaba设备（见图5-28），有的用英文单词来标识，如JR设备（见图5-29）。

图5-27　操纵杆通道安排

图5-28　用数字标识接收机插口

图5-29　用英文单词标识接收机插口

12. 操纵杆弹力大小的调节

操纵杆的弹力大小是可以调节的，将发射机后盖拆下来，用螺丝刀调节4个控制弹力大小的螺钉（见图5-30）。建议初学者将操纵杆弹力大小调整为中等偏大。操纵杆的长短也可以根据每个人的手指长度调节（见图5-31）。

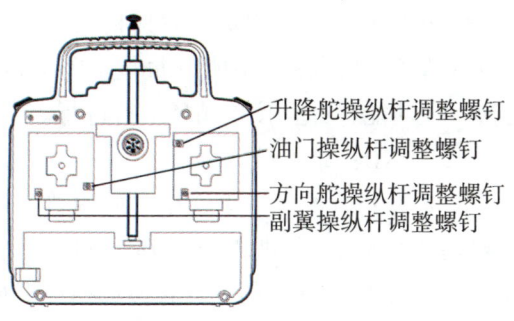

图 5-30　操纵杆调整螺钉分布

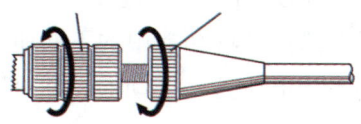

图 5-31　操纵杆长度调节

13. 发射机的握姿

发射机是通过手指发布指令信号的机构，如果握姿不正确，操纵者感觉既不舒适，也会影响对模型飞机的正常控制。双手握发射机应该四指自然弯曲握住发射机两侧，用拇指按住操纵杆顶端，注意拇指第一关节尽量保持约90°内曲（见图5-32），如果拇指关节伸得过直，会使拇指动作僵硬，不能灵活敏捷地控制操纵杆！有的爱好者喜欢用拇指从操纵杆的侧面推动操纵杆动作（见图5-33），这不是个好习惯，全方位使用操纵杆时就会遇到麻烦！为了能使手部的动作放松，更加精确地控制操纵杆，配合使用背带（见图5-34）或发射机托盘（见图5-35）不失为一种好方法。

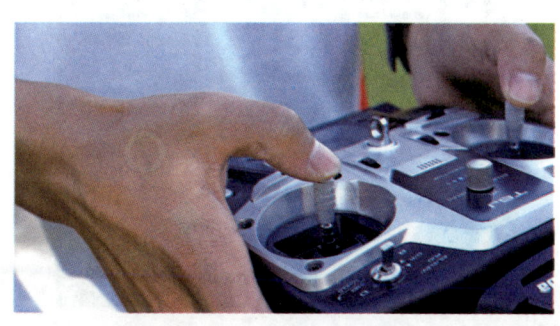

图 5-32　正确的发射机握姿

图 5-33　不当的发射机握姿

图 5-34　背带

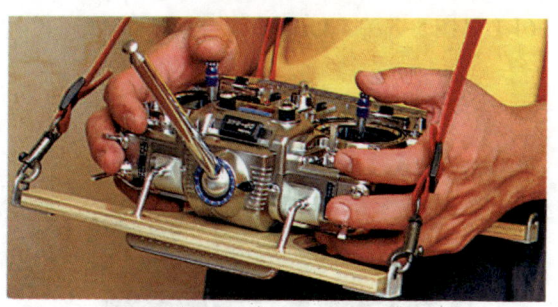

图 5-35　发射机托盘

14. 舵机线的插口

舵机线是由3条导线组成的，其中2条是电源线（通常用红、黑或红、棕两色表示）另外一条是信号线（通常用白、黄等浅色表示）。不同品牌的舵机线插口形状是不一样的（见图5-36），以避免插错，但大部分舵机可以兼容，只要修整插头的形状即可，但电源的极性不可弄反，否则有可能会损坏舵机，必须在有经验的爱好者辅导下进行插线。

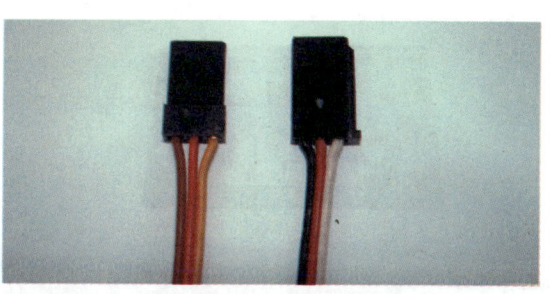

图 5-36　舵机线插口

六、高级编程遥控设备的使用

前面我们都是按一般普通版四通道遥控设备如Futaba-4vf设备进行说明的，它们的使用是最为简单和基本的，但也有一些不便，常遇到的麻烦如：调整舵面的行程需要用手工机械的方法调整连杆、舵机摇臂的长短，使用起来费时繁琐；更换模型飞机后原有的舵量数据无法储存；某些情况下需要几个舵机进行联动。这时普通版的机械式遥控设备就无法完成这些任务了，而具有数据存储功能的电脑化遥控设备就显示出巨大的优势，本书将以初级电脑化的遥控设备——Futaba-T6J（见图5-37）作为范例进行介绍。

图5-37　Futaba-T6J 遥控设备

1. 功能键的作用

操纵面板见图5-38。

（1）MODE：模式键。

长按2s以上，可以进入发射机菜单，用来选择菜单中的各项功能，每按1次（1s）变换一项功能，并且按单循环上行进行。

（2）END：结束键。

长按约2s，可以结束菜单中的调整，返回到初始画面。在进入菜单后，每按1次（1s）可以变换一项功能，并且按单循环下行进行，与MODE键相呼应，可以上下循环寻找需要的菜单功能。

（3）SELECT：位移键。

用来选择各项功能中的不同通道，或转移闪动光标的位置，闪动的光标可以进行调整、改变数值。

（4）DATA "+-"：数据调节键。

用来调节各项闪动光标的数值。

2. 初始画面

打开发射机开关，出现的画面如图5-39所示，分别显示的是目前的电压及现在使用的模型程序编号（即存储的是第几架模型的程序）。当发射机电压降低到危险状态时，发射机会发出"哔哔哔哔……"的报警声音，此时应该及时降落模型飞机进行充电以免发生危险！当开机时如果油门操纵杆高于怠速位置以上，发射机也会发出报警声音，此时也无法进行任何操作，目的是防止突然打开动力发生意外，必须将油门操纵杆回到怠速位置，报警声音停止才能进行发射机的操作！

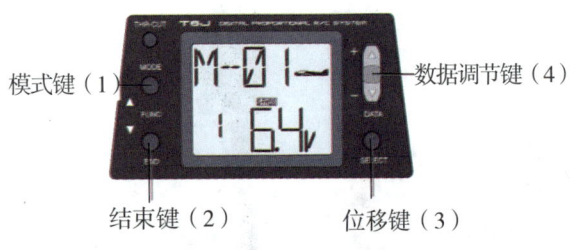

图5-38　操纵面板

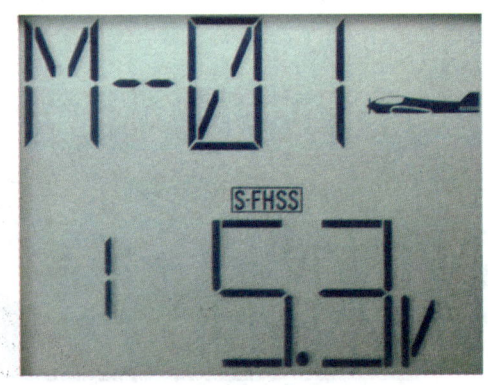

图5-39　初始画面

3. 常用功能的具体使用方法

长按MODE键，进入主菜单，然后用MODE/END键上下循环寻找需要的功能。Futaba-T6J菜单的所有的功能项见图5-40（a）、5-40（b）。

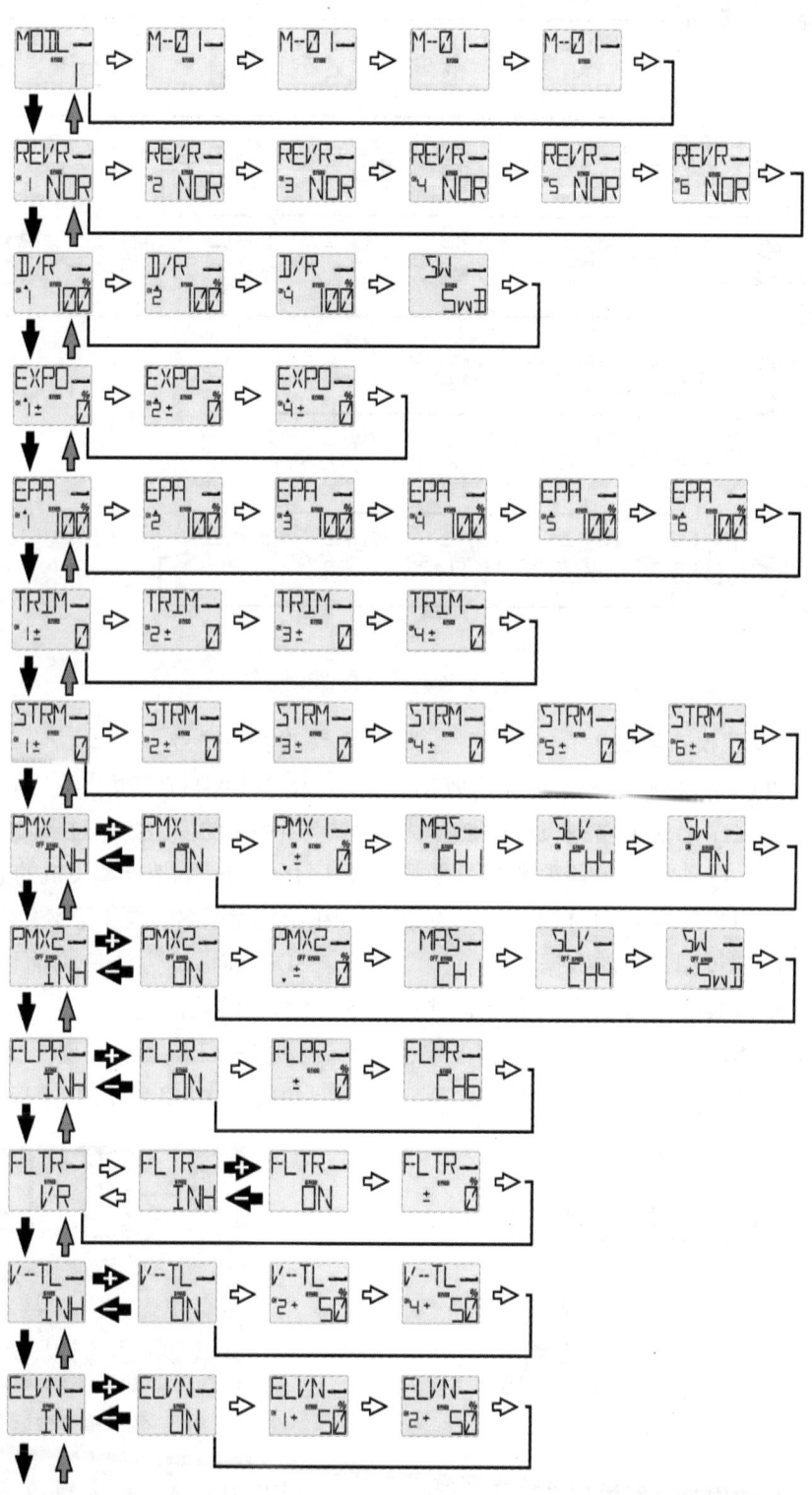

（a）

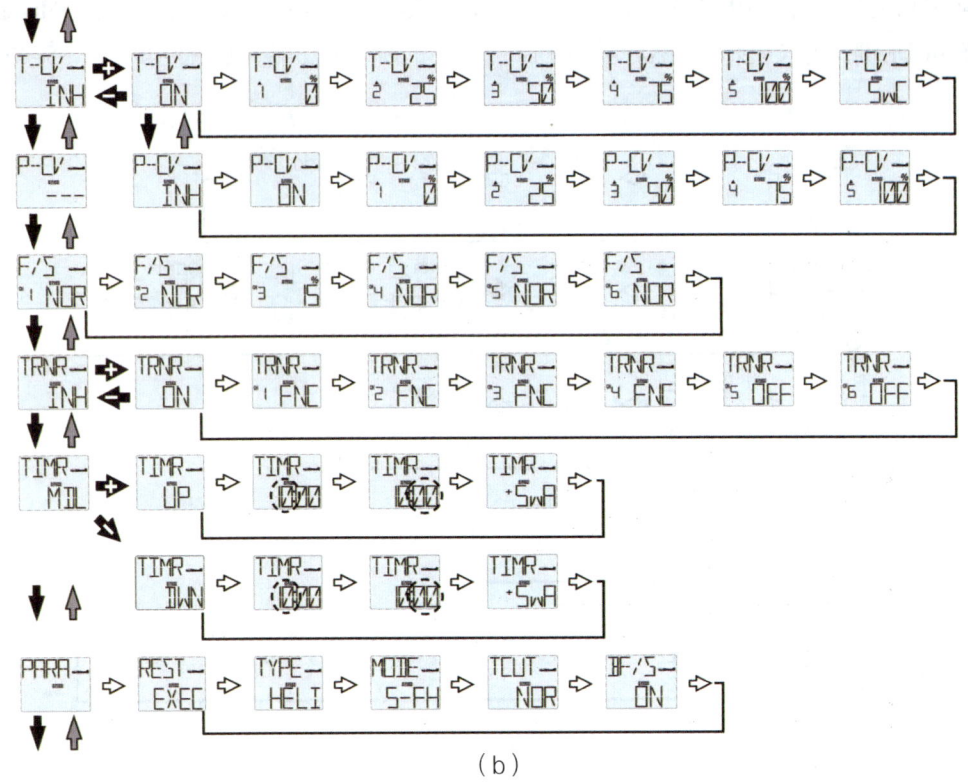

(b)

图 5-40　常用功能项

（1）MODL（模式功能）

此功能可以记录模型飞机的各项数据，也就是说每套程序记录了模型飞机的舵量大小、微调位置、联动情况等各项数据，使用哪架模型飞机的程序可以随时调出，本发射机最多记录15架模型飞机的数据。

①按住MODE键大约2s进入菜单，并用MODE/END键调出如图5-41所示画面，数字显示的是目前正在使用的模型飞机的序号。

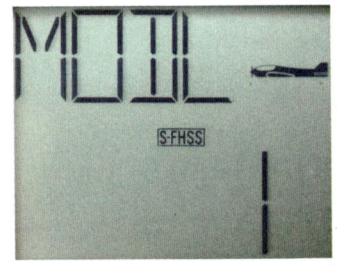

图 5-41　模式界面

②如果想使用另一架模型飞机的数据时，按压DATA"+−"键（方向不限），直到出现需要的模型序号。

③按END键结束此项功能的调整。

当存储的模型数据过多时，容易忘记每套程序存储的是哪架模型飞机的数据，因此可以简单给模型起名，便于记忆，操作方法如下：

①按前面的方法使画面仍然停留在如图5-41所示的画面。

②按SELECT键，出现如图5-42所示画面，并且每按一次SELECT键，闪动的光标会位移。

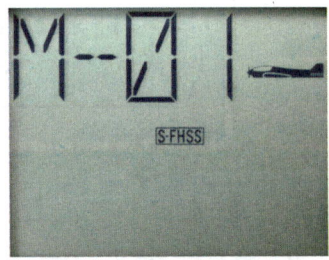

图 5-42　模型数据命名

③用DATA"+−"键改变闪烁的字母或数值，直到需要的字母或数值出现。模型可

以简单起名,名称最多含4位字母或数字。

④按END键结束此项功能的调整。

(2) REVR (舵机反向)

当发现模型飞机的舵面偏转方向反向时可以使用此功能改变舵机的转动方向。

①进入菜单,用MODE/END键调出如图5-43所示的画面,其中的数值显示的是现在使用的通道。

图5-43 舵机反向操纵界面

②按SELECT键选择通道。

③按压DATA"+-"键,改变舵机转动方向,英文标识在"REV""NOR"之间转换,舵机也随之改变转动方向。

按END键结束此项功能的调整。

(3) EPA (舵机行程调整)

此功能可以调节舵机的最大行程,在使用时,应注意先设定EPA,再设定D/R功能的顺序(与油门调节相关的通道可除外)。舵机行程建议使用较大的范围,一般开机时设定的是100%,建议在100%~140%内使用,因为EPA行程使用的范围越大,舵机的分辨率就越高。

①进入菜单,用MODE/END键调出如图5-44所示画面。

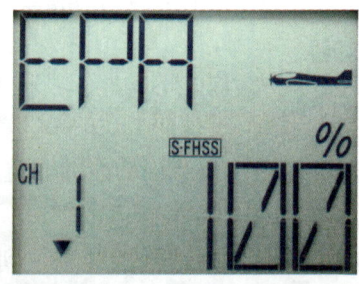

图5-44 舵机行程调整界面

② "CH"后面的数字显示的是目前正在使用的通道,可以用SELECT键选择通道。

③把要调整的通道操纵杆扳到极限位置,同时用舵量尺测量舵面行程(见图5-45),按DATA "+-"键调整数值大小,并观察舵量的变化,直到达到需要为止。舵机的行程可以左右或上下范围分别调整,在变换方向时,数字上/下的黑色三角形箭头也会改变方向。

图5-45 测量舵面行程

④按END键结束此项功能的调整。

(4) TRIM (微调记忆)

由于使用手动的机械微调,每架模型飞机的微调位置都不一样,每次在改变模型次序时可能会忘记微调位置,此功能可以记忆每架模型飞机的微调位置。

用MODE键调出如图5-46所示画面,按压DATA "+-"键约2s,听到"哔哔"声音后,模型的微调位置已被记忆,此时把发射机微调归到中立位置。

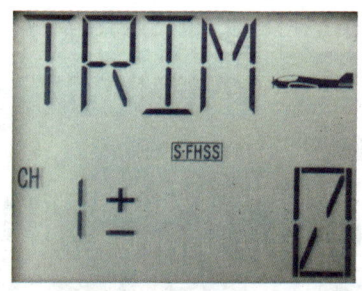

图5-46 微调记忆界面

(5) EXPO (舵机行程曲线)

在操纵模型飞机时,即使舵量是合适的,

但操纵杆在中立点附近操纵时可能会感到过于迟钝或过于灵敏,可以使用此功能改变状态。一般情况下,在操纵杆中立位置附近应适当保持迟钝状态。

①进入菜单,用MODE/END键调出如图5-47所示画面。

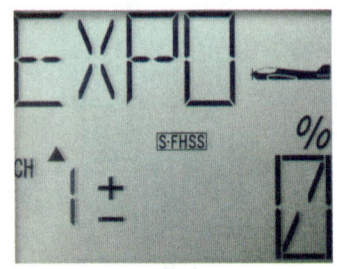

图5-47 舵机行程曲线界面

②"CH"后面显示的数字是正在使用的通道,用SELECT键选择通道。

③"%"闪动表示可以调节数值大小,用DATA"+-"键选择,当数值为"-"时,中立点就比较迟钝,当数值为"+"时,中立点就比较灵敏,油门不设此功能。

④按END键结束此项功能的调整。

(6) D/R(舵量大小切换)

在飞行中,有时需要大舵量操纵,有时需要小舵量操纵,D/R功能很好地解决了这个问题。如果经常使用D/R开关,最好养成食指随时位于开关附近的习惯(见图5-48)。通常习惯是,开关向上是小舵量,开关向下是大舵量。三个舵面通道的D/R功能既可以分别设置选择开关,也可以共用一个开关。

图5-48 食指常放在D/R开关附近

①进入菜单,用MODE/END键调出如图5-49所示画面。

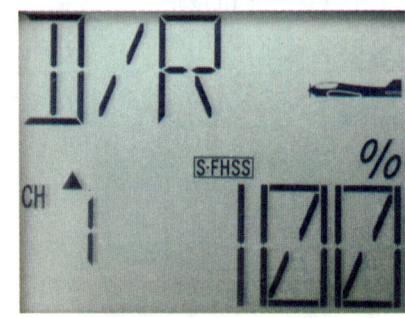

图5-49 舵量大小切换界面

②"CH"后面显示的数字是正在使用的通道,可以用SELECT键选择通道。注意数字上/下的黑色箭头,表示的是舵量大小开关的方向。一般情况下,舵量大小开关在上的位置是小舵量,在下的位置是大舵量,可以利用开关切换,分别进行不同舵量的调整。

③"%"闪动表示此通道舵量大小可以调整,依次进行每个通道的舵量调整。

④连续按动SELECT键直到出现如图5-50所示画面,闪动的光标显示的是舵量大小切换的开关。按动DATA"+-"可以选择开关的位置。

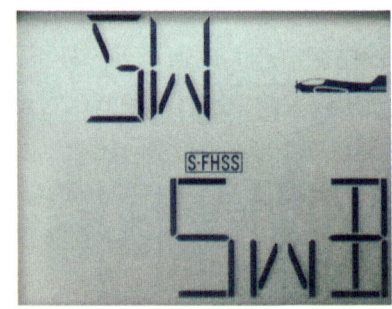

图5-50 选择开关位置的界面

⑤扳动选择的开关,进入到大(或小)舵量的调节,调节过程同上述的第②③步骤。

⑥按END键结束此项功能的调整。

(7) STRM(中立微调)

此功能是将某些舵机摇臂调整到中立位置。使用此功能时要注意:舵机摇臂的偏角不要太大，尽量趋向于中立位置；微调的行程范围不要太大，否则会影响舵机的正常工作（尤其是在极限位置时）。因此本功能以尽量不用或少用为宜。

①进入菜单，用MODE/END键调出如图5-51所示画面。

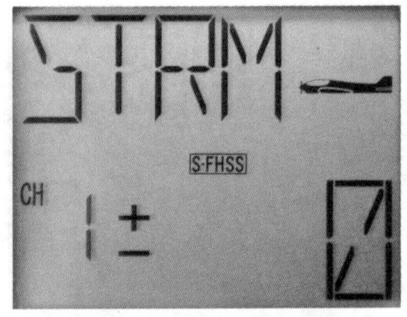

图5-51 中立微调界面

②"CH"后面显示的数字是正在使用的通道，可以用SELECT键选择通道。

③此时闪烁的数字是中立微调的调整数值，可用DATA"+-"向不同方向调整，同时观察舵机摇臂的偏转角度，当舵机摇臂转到中立点时停止调整。

④按END键结束此项功能的调整。

（8）PARA（系统程序）

本功能可以选择数据初始化、模型飞机种类、发射电波形式等功能。

模型数据初始化，这个功能可以使数据回到出厂时的设计。

①进入菜单，用MODE/END调出如图5-52所示画面。

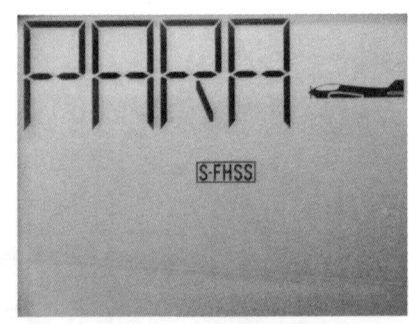

图5-52 系统程序界面

②按SELET键出现"REST""EXEC"闪烁的画面（见图5-53）。

图5-53 数据初始化界面

③此时长按DATA"+-"键听到"哔哔"声，说明所有的数据已经初始化。

模型飞机种类选择，这个功能可选择固定翼飞机、直升机等模型飞机的种类。

①继续按SELECT键，出现图5-54所示画面，闪烁的内容是现在正在使用的模型种类。

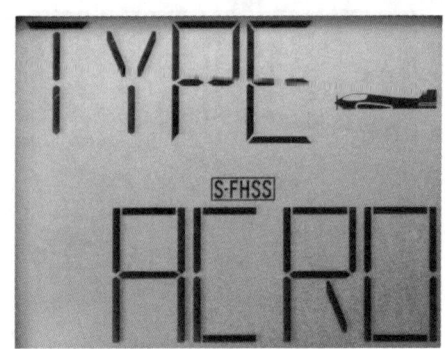

图5-54 模型飞机种类选择界面

②长按SELECT键，飞机的种类将跳转到另一种。"ACRO"代表固定翼飞机，"HELI"代表滑翔机。

发射电波形式的选择，Futaba-T6J电波的发射形式有两种，即高速和低速。通常数字舵机使用高速模式，模拟舵机使用低速模式（一般情况下普通型舵机多为模拟舵机）。

①继续按SELECT键，出现如图5-55所示画面。

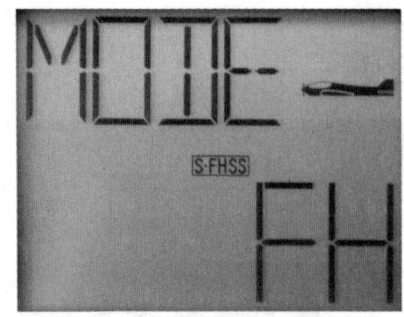

图 5-55　发射电波形式选择界面

②按DATA"+-"键选择发射模式,"S-FH"代表高速模式,"FH"代表低速模式。

（9）襟副翼联动

有些模型飞机的副翼使用两个舵机分别控制左右副翼,以使副翼的调整更加灵活,并且在某些情况下还可以使两边的副翼舵面同时上下动作兼具襟翼功能,在使用此功能时左右副翼舵面要分别使用一个舵机控制。

①进入菜单,用MODE/END键调出如图5-56所示画面。

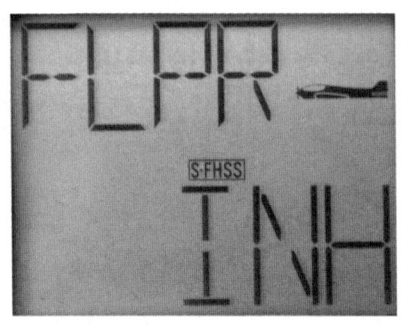

图 5-56　襟副翼联动界面

②其中"INH"表示此功能尚未起动。按DATA"+"键启动此功能,启动后屏幕显示"ON"。

③按SELECT键出现如图5-57所示画面,此时"%"闪动,数值可以调整,表示的是副翼动作量。

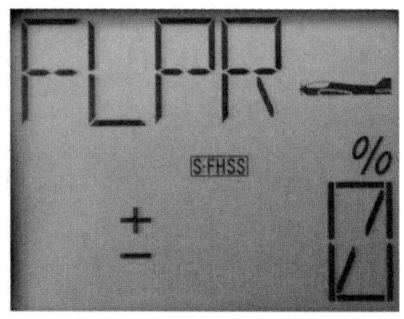

图 5-57　副翼动作量调整界面

④再按动SELECT键,出现"CH"闪动,可以用DATA"+-"键选择另一个副翼舵机的通道。

⑤按END键结束此项功能的调整。

第六章
遥控模型飞机的附属工具

我们在安装、制作、调试、起动模型飞机的过程中，要用到很多专用工具，常见的有以下几种。

一、起动类工具

（1）起动器（见图6-1（a））。起动器是专门用来起动发动机的工具，使用起动器起动发动机可以避免用手指拨桨受到意外伤害。起动器实际是一个扭矩强劲的直流电机，一般使用12V直流电源。起动器是利用摩擦力带动发动机，因此被起动的发动机一定要安装螺旋桨整流罩。在起动之前，接通电源，检查起动器橡胶头的旋转方向，从橡胶头方向看去，应该是顺时针（见图6-1（b））方向旋转，因为发动机螺旋桨是逆时针旋转的，一定不要弄反，如果起动器的旋转方向反了，只要将起动器电源线夹子交换极性即可。使用起动器时要垂直对准并压在螺旋桨整流罩上，然后开动起动器开关，不要先开动起动器再对准螺旋桨整流罩。如果起动时发生了严重的抖动，说明起动器没有垂直对准螺旋桨整流罩，需要及时调整手持姿态，养成垂直对准螺旋桨整流罩的习惯。

起动器根据扭矩的大小分成不同级别，以对应不同级别的发动机。小扭矩的起动器起动大级别的发动机比较困难，而大扭矩的起动器可以起动小级别的发动机，但要注意发动机不要富油，应处于良好的起动状态，否则很容易损伤发动机。正常情况下，起动器的级别和发动机的级别要对应，避免损伤发动机。使用起动器的工作时间不要过长，否则会磨损发动机，发动机工作后要及时松开起动器。

（a）起动器

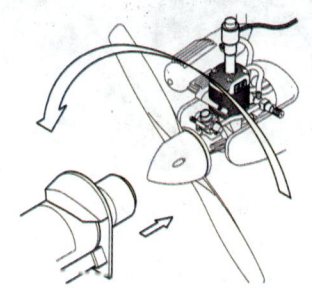

（b）注意起动器旋转方向

图6-1

（2）起动器电源（见图6-2）。一般使用12V、4~7Ah的铅酸免维护电源。常见12V、7Ah的电源，这样的规格重量不大，又足够使用一天的时间。铅酸免维护电源每次外场飞行完毕后要随时监测电量随时充电，要做到随用随充，保存电源时也应该处于满电状态，这样才能延长电瓶的使用寿命。

图6-2 起动器电源

（3）点火器（见图6-3）。这是用来给发动机点火的工具。一般商品点火器头部都有弹性夹口，先要搂开夹口再夹在发动机的电热塞上，发动机工作后要及时取下点火器，禁止长时间将点火器夹在电热塞上，这样会降低电热塞的使用寿命。也有的点火器是夹子形式的，一般适用于发动机大部分外露的安装方式。点火器一般使用1.2V的工作电压、容量在1000mAh以上的镍镉电池。

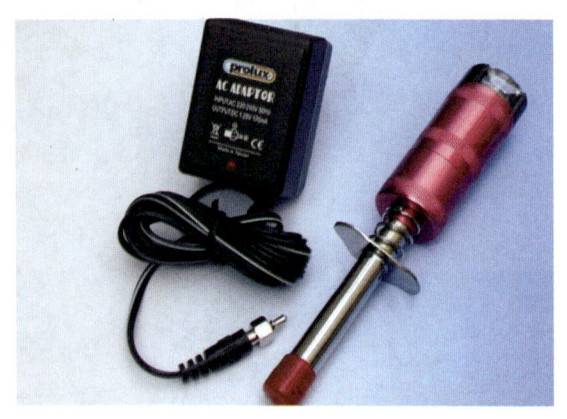

图6-3　点火器

（4）油泵（见图6-4）。这是专门给模型飞机加油的工具，既有手摇油泵也有电动油泵。油泵有两根油管，都可以当作吸油管和出油管，主要是看电极的方向或手摇的方向。使用时，将吸油管插在油桶的液面下，出油管接在油箱加油管上（见图6-5），然后摇动油泵或打开油泵开关，观察油料是否被吸入到油箱，同时仔细观察发动机的增压管，一旦油料从增压管内溢出，说明油箱已被加满油，应马上停止加油，最后不要忘记用堵头堵住加油管。

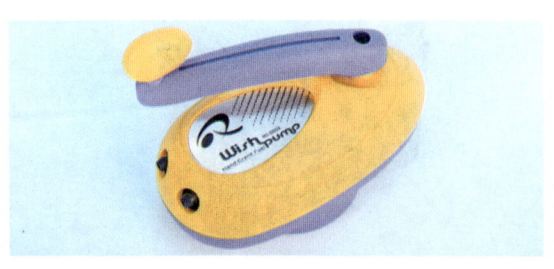

图6-4　油泵

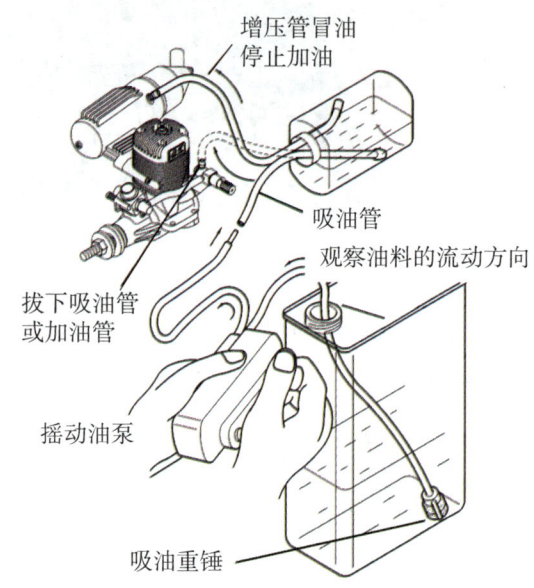

图6-5　正确连接管路

油泵吸油的一端通常装有油滤，避免脏东西被吸入油箱，使用一段时间后最好清理油滤防止堵塞，同时每次使用完毕后注意油管的两端不要接触地面，这样容易黏附沙子，一旦油管被污染要马上擦干净或做彻底清洗。

（5）油桶塞（见图6-6）。在加油时经常会发生油管从油桶中滑脱的事情，这样油管会黏附大量泥沙，产生危害。使用油桶塞可以将油管固定在燃料桶的桶口，防止油管滑脱。

图6-6　油桶塞

（6）卷油管（见图6-7）。如果加油管是普通的硅胶管，太短太长都不方便加油，若用卷油管则不存在这样的问题，因为这种管是带有弹性的，既可以收缩也可以拉伸。

（7）起动棒（见图6-8）。这是用来代替手拨发动机起动的工具，为了避免螺旋桨尖锐的后缘划破手指，可以使用这种橡胶的起动棒来拨动螺旋桨，这样还可以避免损坏木质螺旋桨的后缘。

图 6-7　卷油管

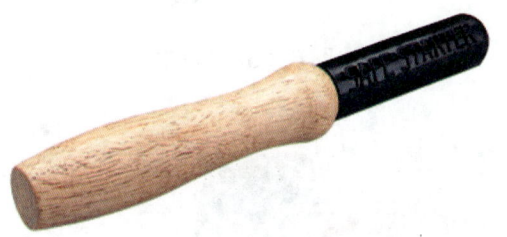

图 6-8　起动棒

（8）分电板（见图 6-9）。在起动模型飞机的发动机时会用到很多电动工具，但每种工具使用的电压各不相同，为避免各自使用单独电源的麻烦，利用分电板分解出不同的电源，供各种电动工具的需要。例如将点火器接头接到分电板相应位置处，分电板就会输出合适的电压。

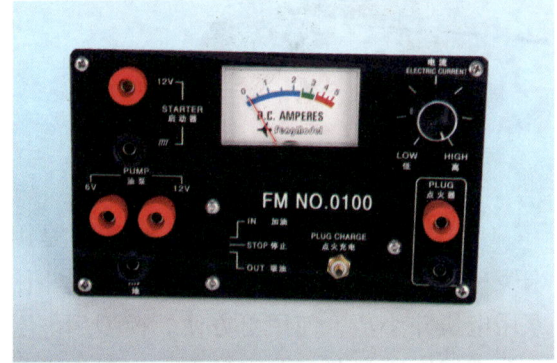

图 6-9　分电板

分电板一般镶嵌在工具箱表面，以 12V、7Ah 铅酸免维护电源作为总电源。

二、维修调整类工具

（1）螺丝刀（见图 6-10）。螺丝刀是最常用的工具，分为十字和一字两种，最好多备几种不同粗细的螺丝刀以应对不同规格的螺钉。不要用太粗的螺丝刀去拧小螺钉，也不要用小螺丝刀拧过大的螺钉，这样都会使螺丝"滑牙"，损坏了螺丝刀的牙口却无法将螺钉拧下来。

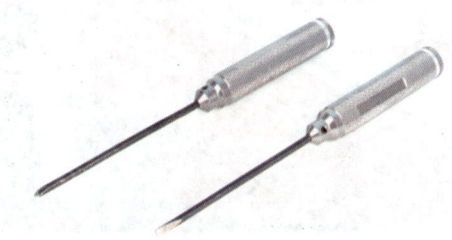

图 6-10　螺丝刀

（2）内六角螺丝刀（见图 6-11）。内六角螺丝刀是专门用来拧动内六角螺钉的，一般备有常用的几种规格的就可以了。

图 6-11　内六角螺丝刀

（3）十字扳手（见图 6-12）。这是模型专用的一种套筒扳手，主要用来扳动螺母。

图 6-12　十字扳手

（4）舵面尺（见图6-13）。这是专门用来测量舵面行程的工具，避免用手持直尺测量舵面行程的麻烦与不精确。使用时将舵面尺的夹子夹在机翼的上下表面，尺子刻度的中立点对准舵面中心，然后用发射机操纵舵面到最大行程，根据舵面中心到舵面尺刻度的位置，便可知舵面的行程。

图6-13 舵面尺

（5）刻刀（见图6-14）。刻刀是模型制作和组装过程中重要的工具。常用的刻刀主要有两种。一种是立刻刀，主要是手术刀和美工用笔刀，两者基本类似，但由于手术刀更锋利，型号较多，可替换的刀片更容易买到，所以多数爱好者还是习惯使用手术刀（常用3号刀柄，11号刀片）。另一种在需要横向大面积切削时使用，主要为美工用的壁纸刀。壁纸刀的刀片有大小不同好几种样式，可根据需要选择。

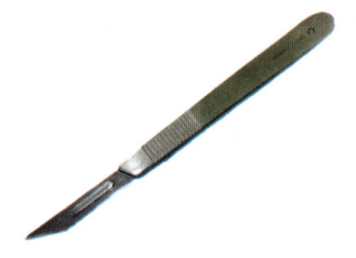

图6-14 刻刀

（6）Z形钳（见图6-15）。将钢丝连杆端口弯折成Z形的工具。使用Z形钳最好不要弯折过粗的钢丝，一般钢丝直径不超过2mm。如果钢丝过硬，最好将钢丝退火处理以后再弯折，以免损坏钳口。在弯折前，先在弯折部位做好记号，然后将记号对准Z形钳的直角刀口用力咬合（见图6-16、图6-17）。

图6-15 Z形钳

图6-16 Z形钳直角刀口对准记号

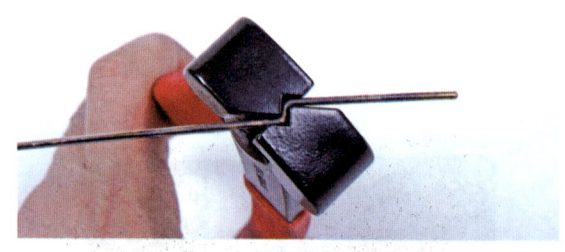

图6-17 用力咬合

（7）电熨斗（见图6-18）。电熨斗是用来熨烫热缩膜的工具，只是模型用电熨斗比家用电熨斗小巧，使用更方便。模型用电熨斗使用温度通常在50℃~200℃，一般正常工作温度在150℃左右。使用时将电熨斗通电，调整调温旋钮至中间位置，然后熨烫试验用的热缩膜。如果热缩膜没有太大反应，也不容易黏附到模型表面，说明温度太低了；如果熨斗刚一碰到热缩膜，热缩膜就急剧收缩出现皱褶，说明温度太高了。合适的温度时，用电熨斗熨烫热缩膜，热缩膜会自然平顺地黏附到模型表面。

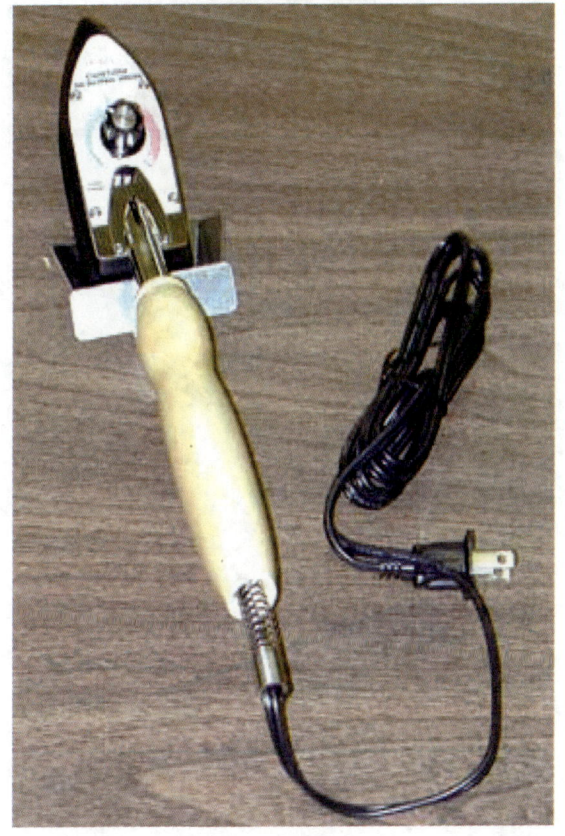

图 6-18　电熨斗

（8）尖嘴钳。常用的有短嘴（见图 6-19）和超长嘴（见图 6-20）两种。不要用超长嘴来用力弯折物体，以免损毁钳口。

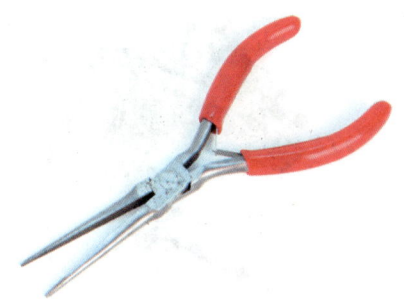

图 6-20　超长嘴钳

（9）偏口钳（见图 6-21）。偏口钳一般是用来剪断有一定厚度和硬度材料的工具。

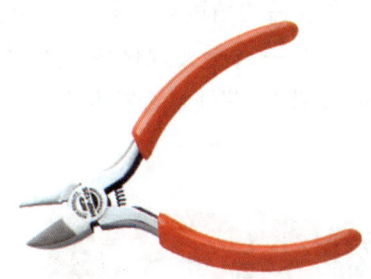

图 6-21　偏口钳

（10）克丝钳（见图 6-22）。克丝钳的用处较多，既可以用克丝钳的刃口剪断较粗的金属丝，也可以作为夹持工具。

图 6-22　克丝钳

（11）台钳（见图 6-23）。台钳主要是固定在工作台上，进行大力度夹持的工具。由于它比较稳固，也起到安装平台的作用，一般将零件夹持在台钳上再用别的工具配合加工。台钳按钳口尺寸分为很多级别。

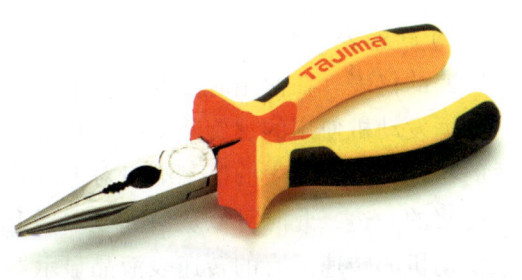

图 6-19　短嘴钳

图 6-23　台钳

（12）手电钻（见图 6-24）。手电钻是常用的打孔工具。一般模型用的手电钻所夹钻头规格不用很大，通常能夹直径 1~6mm 的钻头，但对手电钻的精度要求较高。购买手电钻时，可夹上一只所夹规格内最细的钻头，观察旋转中的钻头芯处是否发生摆动。

图 6-24　手电钻

（13）磨车台（见图 6-25）。磨车台是专门用于磨合新发动机的工具。

图 6-25　磨车台

（14）砂纸板（见图 6-26）。砂纸板是模型中常用的打磨工具。

图 6-26　砂纸板

（15）直尺（见图 6-27）。

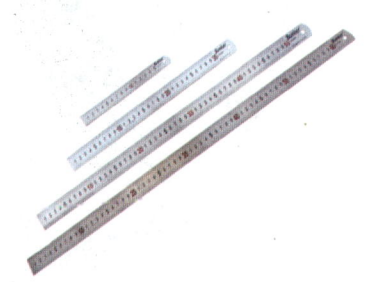

图 6-27　直尺

（16）量角器（见图 6-28）。用来测量模型零件具体角度的，最简单的是半圆仪。

图 6-28　量角器

（17）转速表（见图 6-29）。用来测量发动机转速的仪表。在使用时打开转速表的开关，根据发动机使用的螺旋桨桨叶数目选择合适的档位，将转速表的监测端口对准旋转的螺旋桨的一边，此时可以从液晶显示器上读取发动机的转速。有的转速表液晶显示器显示的数字位数少，需要按要求乘以一定的倍数才能计算出准确的转速。

第六章 遥控模型飞机的附属工具

图 6-29 转速表

（18）活塞止动销（见图 6-30）。有时螺旋桨的轴孔和发动机轴衔接得十分紧，在拆卸螺旋桨时无法将螺旋桨卸下。此时可将电热塞拆下来，插上活塞止动销，这样因发动机活塞和轴卡死，就能方便地将螺旋桨卸下来了。

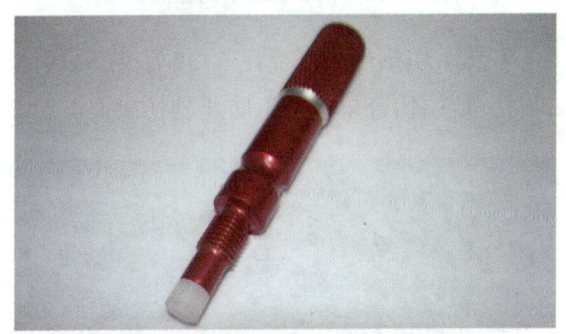

图 6-30 活塞止动销

（19）电吹风（见图 6-31）。模型用的电吹风最大的特点是温度非常高，一般用来给热缩蒙皮等材料加热。

图 6-31 电吹风

（20）卡尺（见图 6-32）。卡尺是用来测量物体直径或厚度的专用工具，使用十分方便。最常用的是游标卡尺，主要有机械型、指针型、电子型三种。

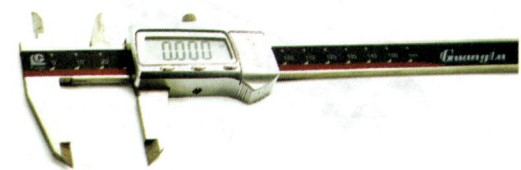

图 6-32 游标卡尺

（21）工具箱（见图 6-33）。外场飞行时经常要带很多工具，使用工具箱既方便又美观。发射机最好单使用一个工具箱，以免运输过程中被溢出的燃料或掉落的工具损坏。

图 6-33 工具箱

（22）发射机箱（见图 6-34）。这是用来装发射机的工具箱，不仅外观精致便于携带，而且内部填充了海绵泡沫以减缓运输中受到的冲击。

图 6-34 发射机箱

（23）活扳手（见图6-35）。活扳手是常用的扳手，由于钳口宽度可以随意调节，因此适合不同规格的螺母。

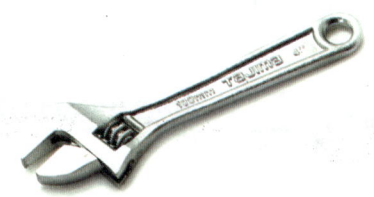

图6-35　活扳手

（24）什锦锉（见图6-36）。什锦锉形状有很多种，可以根据要锉削零件的形状选择。

图6-36　什锦锉

（25）重心测量器（见图6-37）。重心测量器是用来测量模型飞机重心的专用工具，使用这种工具比使用手指当支点更加准确。一般测量上单翼飞机，可以采取平放姿态，而下单翼飞机重心位置相对较高，如果平放测量，模型飞机会处于不稳定状态，因此最好在倒放姿态下测量（见图6-38）。

图6-37　重心测量器

图6-38　倒放姿态下测量重心

（26）切割垫板（见图6-39）。在刻划材料时，使用切合垫板可以防止划伤桌面。

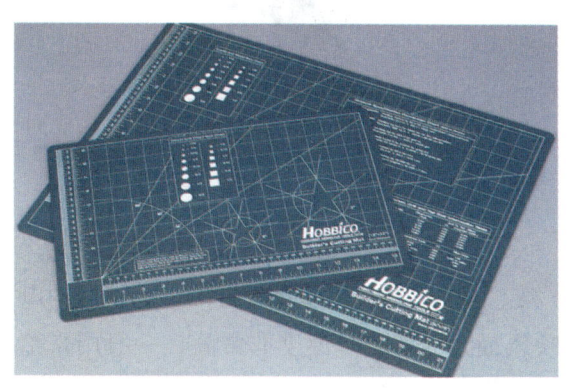

图6-39　切割垫板

（27）发射机背带（见图6-40）。发射机背带可以扣在发射机扣环上，挎在操纵者脖颈处使用。

图6-40　发射机背带

（28）螺旋桨平衡测试器（见图6-41）。

螺旋桨平衡测试器是用来检查双叶螺旋桨桨叶重量是否平衡的工具。

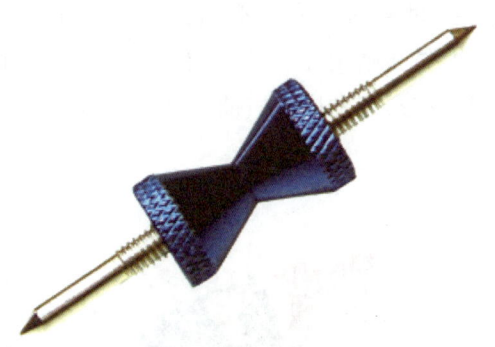

图6-41 螺旋桨平衡测试器

三、材料类工具

（1）硅胶管（见图6-42）。硅胶管一般用作发动机油管，具有很好的韧性和抗高温性能。截断硅胶管时尽量用锋利的刻刀垂直切断（见图6-43），不要用剪刀剪断，防止断口不平整。硅胶管有很多种颜色，便于区分不同功能的油管，而且最好使用透明的硅胶管，易于观察油料的流动状态。

图6-42 硅胶管

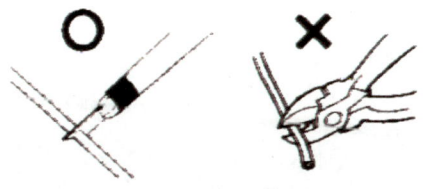

图6-43 正确截断硅胶管

（2）胶水。组装模型用的胶水种类比较多，根据特性常分为两大类。

一类是快干胶水，凝固时间通常只有几秒钟。主要是502胶水（见图6-44），它的流动性和渗透性较强，但黏结强度、韧性、填充效果较差，一般用来黏结受力不大的部位。502胶水凝固速度比较快，因此在黏结零件时不要把胶涂在黏结面后再合拢在一起，这样还来不及合拢零件胶就已经干燥，影响黏结效果和强度。正确的方法是将要黏结的零件合拢在一起，将502胶水沿着缝隙滴进去。如果有些黏结面积过大过深，普通502胶水很难渗透进去时可以选用慢干型502胶水，它的黏结强度比普通的502胶水大，干燥速度也相对稍慢。502胶水怕水，因此开封的502胶水应该注意密闭保存，如果吸收了空气中的水分会很快变稠、凝固。

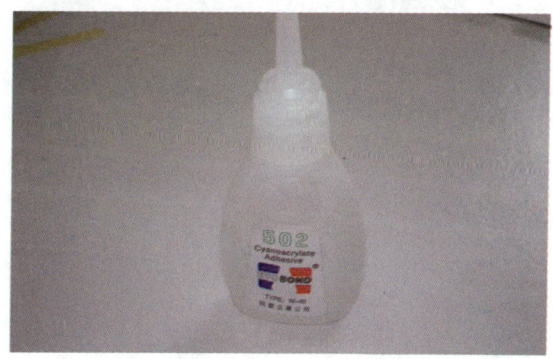

图6-44 502胶水

另一类是慢干型胶水，主要是各种型号的树脂胶或环氧胶（见图6-45），常用的有302、914、BJ-39等。这类胶水的凝固速度相对较慢，通常在5~120min。这类胶水相对比较黏稠，黏结强度、韧性、填充效果较好，因此常用来黏结模型受力较大的地方，如上反角部分。这种胶水通常使用时要进行混合，为了保证每次调和的比例一样，最好要多调和一些，黏结面的胶要涂抹均匀，黏结时要适当施加压力，挤出多余的胶水，这样才能保证零件之间黏结牢。

（4）润滑防锈油。为了防止模型上的经常转动的金属零件（如发动机）生锈，经常要涂抹润滑油；有些润滑防锈油还有中和燃料腐蚀的作用，常用的有WD-40（见图6-47）和模型专用事后油（见图6-48）。

图6-45　慢干型胶水

（3）螺钉紧固胶（见图6-46）。俗称防松胶。对于某些振动较大的部位的螺钉，例如发动机螺钉，由于长时间振动或者螺钉没有拧紧，很容易在飞行中脱落，造成危险，因此在重要的位置可以适当涂抹防松胶起到加固作用。防松胶是一种黏结强度较小但有一定固着力的厌氧胶，但涂抹不要过多。防松胶对某些塑料材料会有腐蚀性，要特别注意，以免发生意外！

图6-47　WD-40润滑防锈油

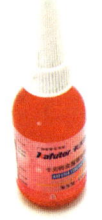

图6-46　螺钉紧固胶

图6-48　模型专用事后油

第七章 遥控模型飞机的操纵与飞行

一、飞行场地的选择

由于模型飞机需要从地面滑跑起飞并进行降落滑跑，因此对地面条件有一定要求，常见的飞行场地有以下几种。

（1）沥青或水泥跑道（见图7-1）。这种跑道平坦干净，是最适合有起落架的模型飞机起飞降落的地面材质，但这种场地大多为专用场地，数量较少。

图7-2 草坪跑道

图7-3 土质跑道

图7-1 水泥跑道

（2）草坪跑道（见图7-2）。这种跑道要求地基平坦扎实，草坪经过人工修剪过。但这种场地毕竟地面比较粗糙，小型模型飞机在滑跑时阻力较大、颠簸剧烈，因此它更适合滑翔机模型或大型模型飞机起飞降落。

（3）土质跑道（见图7-3）。土质地面如果能碾压得平整扎实的话，还是能适合模型飞机起飞降落的，但土质地面毕竟会有细小的沙石，容易损伤发动机，因此要注意地面的清洁和模型器材的维护。

至于说多大的场地能适合模型飞机飞行需要，这还要考虑模型飞机的大小与飞行特性，尤其是和操纵者的操纵水平有关。

一般来说，跑道的宽度至少15m，长度至少50m，四周要空旷，不能在人群密集的区域，或有高大建筑物及建有工业设施的场地飞行。最后还要考虑常年风向，尽量避免模型在侧风中飞行。飞行条件良好的飞行场地如图7-4所示。

图7-4 跑道四周要空旷

二、模型飞机的控制原理

模型飞机一般需要用副翼、升降舵、方向舵、油门来控制在空中的飞行姿态和飞行速度。

（1）副翼：副翼是控制模型飞机横侧动作的舵面，表现为模型飞机向左或向右的倾斜与滚转。副翼操纵杆向左压（称修左），此时左副翼向上翘、右副翼向下翘，左边机翼的升力减小，右边机翼的升力加大，模型飞机向左倾斜或滚转。副翼操纵杆向右压（称修右），此时左副翼向下翘、右副翼向上翘，左边机翼的升力加大，右边机翼的升力减小，模型飞机向右倾斜或滚转（见图7-5）。

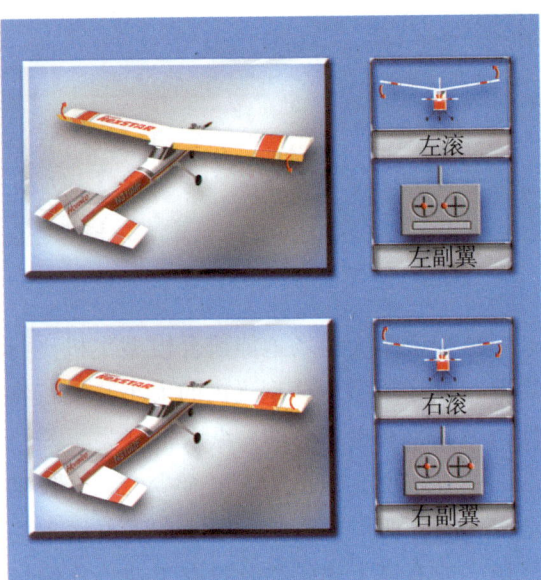

图7-5　副翼的控制

（2）升降舵：升降舵是控制模型飞机俯仰动作的舵面，表现为模型飞机抬头或低头及正、倒筋斗动作。升降舵操纵杆向后拉（称拉杆），此时升降舵上翘，模型飞机抬头向上爬升或做正筋斗。升降舵操纵杆向前推（称推杆），此时升降舵向下翘，模型飞机低头向下俯冲或做倒筋斗（见图7-6）。

（3）方向舵：方向舵是控制模型飞机改变方向动作的舵面，使机头左转或右转。方向舵操纵杆向左扳，此时方向舵向左偏，模型飞机向左改变航向（如果在地面滑跑时则改变滑跑方向左转）。方向舵操纵杆向右扳，此时方向舵向右偏，模型飞机向右改变航向（如果在地面滑跑时则改变滑跑方向右转，见图7-7）。

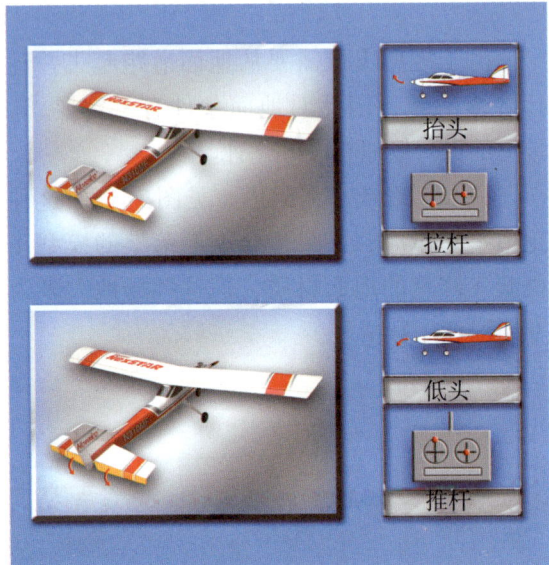

图7-6　升降舵的控制

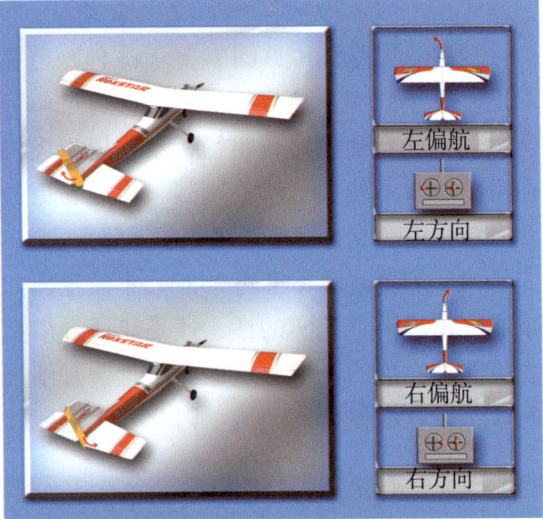

图7-7　方向舵的控制

（4）油门：油门是控制模型飞机飞行速度和发动机拉力大小的机构，表现为模型飞机加速飞行或减速飞行。油门杆向前推，汽化器风门开度大，发动机提高转速，模型飞机加速飞行。油门杆向后收,汽化器风门开度小,发动机转速降低,模型飞机低速飞行;当油门杆收至最低,汽化器风门开度最小(约1mm),发动机保持怠速工作;当油门微调至最低位置,汽化器风门关死,发动机停车(见图7-8)。

好前期的技术准备,以免在飞行中"现学现练"而导致手忙脚乱。

图7-9 教练员辅导操纵

另外还可以利用电脑飞行模拟器来练习操纵技术,这样不仅可以熟练操纵技术,还可以减小摔飞机的概率,提高安全性(见图7-10)!

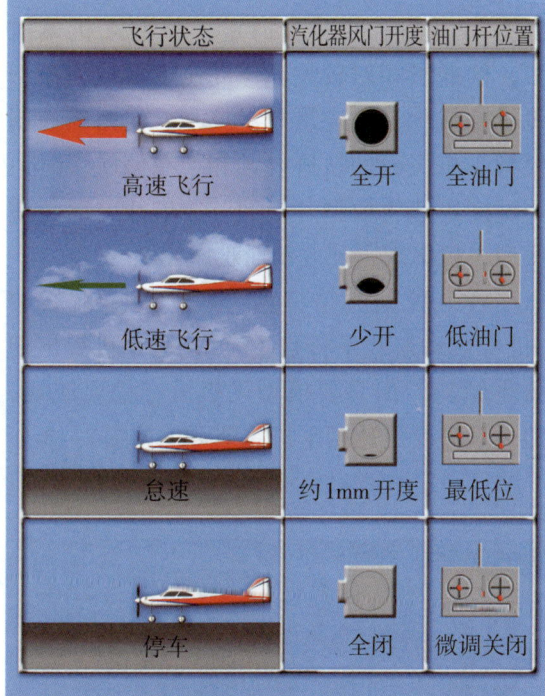

图7-8 油门的控制

三、遥控模型飞机的基本飞行技术

要想熟练地操纵遥控模型飞机就要好好练习基本的飞行技术,这是以后达到更高水平、操纵高级模型飞机的基础!

练习飞行的过程中需要一位技术熟练的教练员进行手把手的辅导(见图7-9),这样初学者才能体会正确控制操纵杆的感觉。何时出什么舵、舵量多大、出舵时机、出舵的速度,完全通过书本的知识学会这些操纵技术并找到飞行的感觉是很难的,但书本的知识可以让初学者了解操纵技术的全过程,做

图7-10 利用模拟器练习操纵

1. 直线飞行(见图7-11)

直线飞行是所有飞行动作的基础,它决定着操纵者是否可以控制住模型飞机,因此应该踏实认真地掌握好直线飞行的技术。

在模型飞机舵面保持中立的位置时,模型飞机并不能保持长时间的直线飞行,因为模型飞机受到风或气流的影响,会逐渐发生

偏航直到不能稳定地飞行。必须在模型出现偏航时及时地进行修正，才能控制模型飞机在空中保持直线飞行。

情况。一种是指模型飞机偏离了航线。例如当模型飞机出现右偏航时，先向左压副翼，压完副翼要回中，直到模型飞机飞回到原航线（机身和航线重合且平行），此时机翼还处于向左倾斜状态，因此要压右副翼摆平，模型飞机继续沿着航线飞行（见图7-12）。

压副翼时幅度大小和时间的长短要根据模型飞机偏航的多少而定。模型飞机偏航多，修舵量相对较大，修舵速度要快；模型飞机偏航少，修舵量相对较小。但修舵控制模型飞机飞行的轨迹要柔和。在偏航多时不要试图迅速将模型"扳回"原航线，以免使模型飞机出现剧烈改动而难以控制。

另一种偏航是模型飞机仍处于航线中（机身也和航线平行且重合），只是机翼出现微小倾斜，但只要模型飞机没有偏离航线，那么只需要迅速摆平机翼即可（见图7-13）。

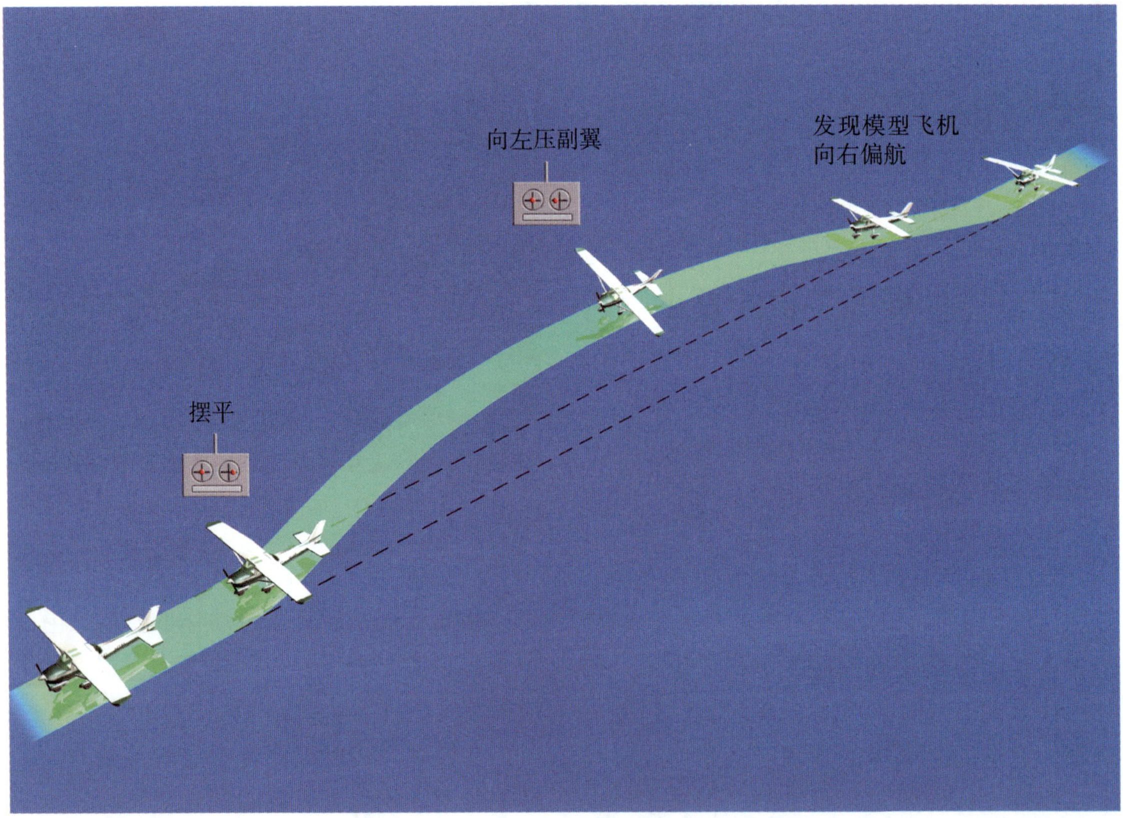

图7-11　直线飞行

在直线飞行中出现的偏航状态主要有两种，即方向的改变和俯仰姿态的改变。

（1）方向偏航的修正，方向偏航有两种

图7-12　方向偏航修正

图 7-13　机翼倾斜修正

请记住，模型飞机的机翼向哪个方向倾斜就会朝那个方向转弯，模型飞机要想朝哪个方向转弯就必须朝那个方向倾斜机翼。因此要想飞好直线先要学会观察机翼的状态。通过长期的练习与观察，操纵者一定要在模型飞机出现偏航趋势之前察觉姿态微小的变化，并及时做出修正，这样模型飞机才能稳定地沿直线飞行。

（2）俯仰偏航的修正，例如当模型飞机受到气流的影响出现抬头爬升时，先推杆使模型飞机飞回到原航线，推杆完毕要记得回中，直到模型飞机飞回原来的航线位置（机身和航线重合且平行），然后稍拉杆使模型飞机恢复平飞，继续按原航线飞行（见图7-14）。

推杆量的大小要根据模型飞机偏航的多少而定，模型飞机偏航多时推杆量较大，模型飞机偏航少时推杆量较小，总之模型飞机恢复到平飞一定要柔和，尤其在偏航多的情况下不要试图一下操纵模型飞机回到原航线，以免模型飞机出现剧烈波动而难以控制。

由于模型飞机的俯仰稳定性一般要高于横侧稳定性，因此在飞回到原航线时的摆平修舵量较小。

直线飞行中常出现的操纵毛病是"蛇形飞行"（见图7-15），模型飞机在空中总是左摇右晃，飞行轨迹是S形。出现这样的情况一般是操纵者的反应比模型飞机动作慢造成的。当模型飞机出现较大的偏航时操纵者才修正，或当模型已经恢复到正常姿态，可

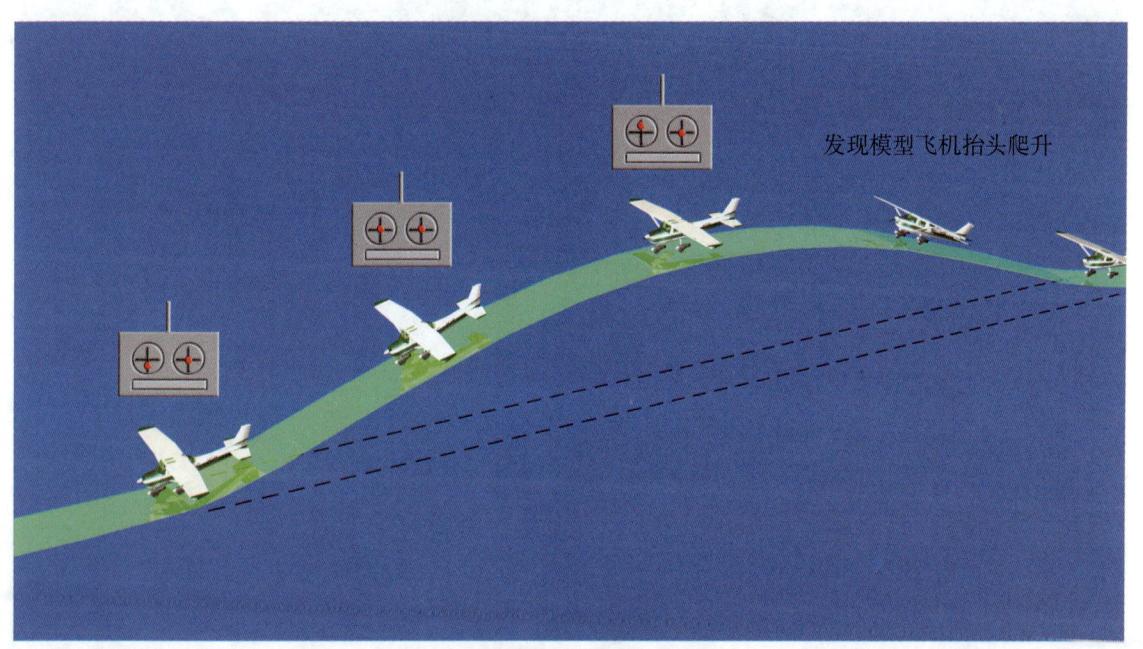

图 7-14　俯仰偏航修正

是操纵者的修正还没结束（操纵杆没有回中，还在修舵），结果对模型修正过度，模型继续向相反的方向偏航，这样继续操纵下去，就导致了模型飞机的"蛇形飞行"。因此，要避免这种情况的发生，应该做到"四要"：第一，要及时发现模型飞机的偏航状态；第二，要及时进行修正；第三，修舵量要适度；第四，舵面回中要及时。

2. 水平转弯（见图7-16）

当模型飞机飞到航线的一端需要进行180°水平转弯调头，这样航线才能连贯下去。

当模型飞机飞到转弯半径的切线处时，先压左副翼，使机翼向左倾斜（保持30°~40°的坡度），然后副翼操纵杆回中，同时适当拉杆，并一直保持拉杆的状态使模型飞机向左盘旋转弯，转弯过程中不能让模型飞机掉高度，要在同一水平面（即同一高度）上完成转弯过程！当转弯将要完成、机头将要对正航线时，向反方向压副翼摆平机翼（摆平后副翼操纵杆迅速回中，即"点"一下副翼），当机头对正航线时升降舵回中，转弯动作结束，模型飞机再次进入直线飞行。

转弯时用副翼控制机翼的坡度的大小决定了转弯的半径大小，坡度越大转弯半径越小，坡度越小转弯半径越大。转弯过程中用副翼控制机翼的坡度不能太大也不能过小，坡度太大机翼倾斜得厉害，模型飞机容易进

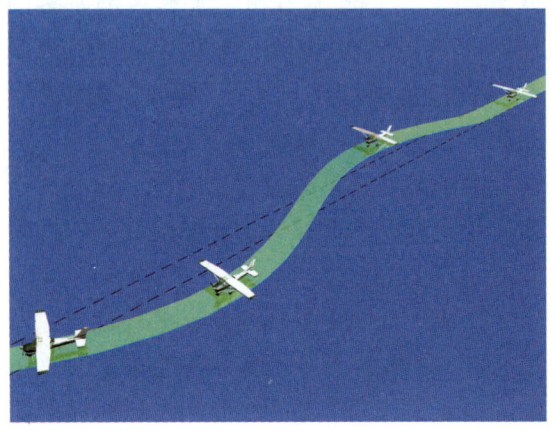

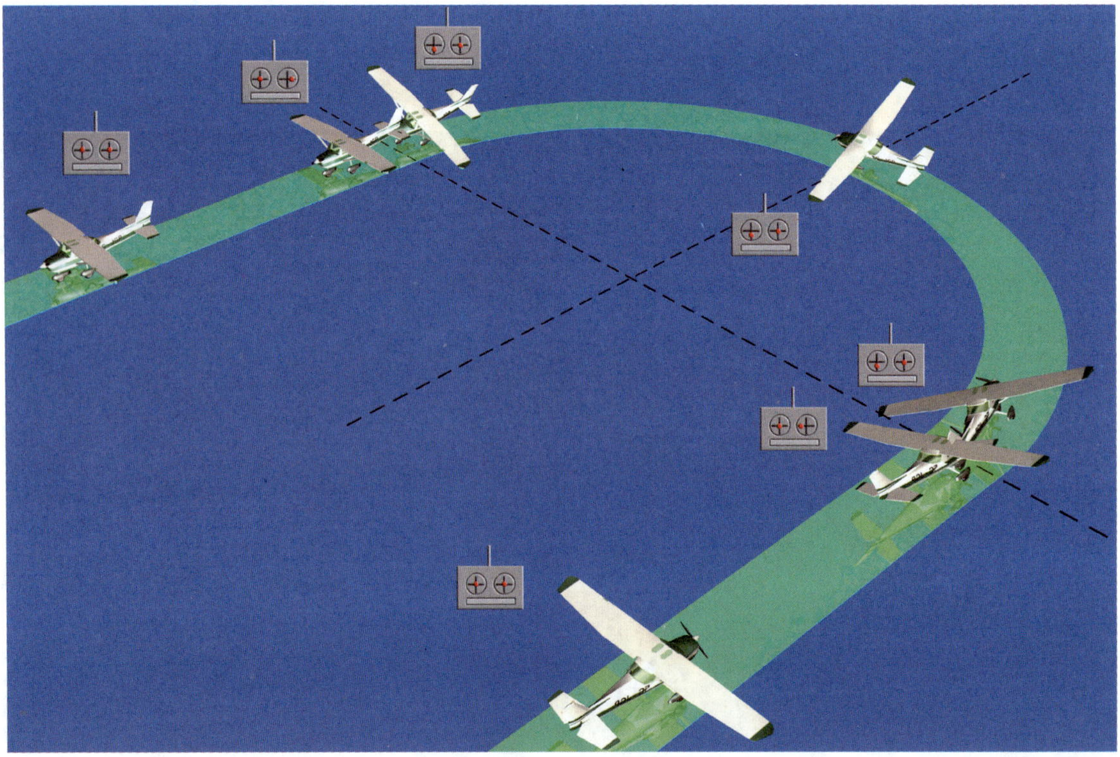

图 7-15 蛇形飞行

图 7-16 水平转弯

入螺旋下坠状态而难于控制。坡度太小模型飞机转弯半径太大，两条航线距离相距太远也不利于操纵模型飞机。

转弯过程中如果模型飞机掉高度，说明拉杆量太小，需要及时加大拉杆量。如果转弯过程中模型飞机抬头爬升，说明拉杆量太大需要及时减小拉杆量（见图7-17）。总之，拉杆量的大小要以模型飞机能在一个水平面上转弯为准。

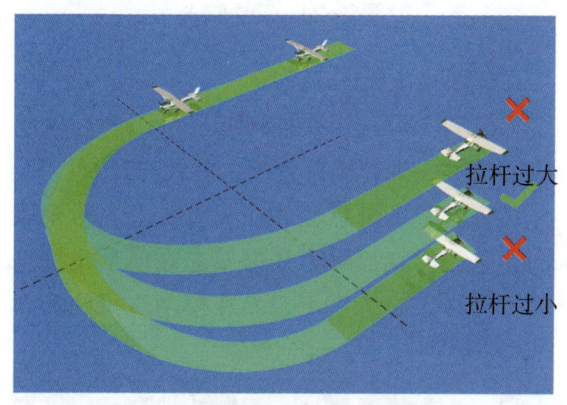

图7-17 转弯时应合理拉杆

在模型飞机转弯结束之前（机头对正航线前）开始压反舵摆平。如果等机头完全对正航线（机身和航线平行）时再摆平，模型飞机转弯结束时就会"转过头"（见图7-18）。

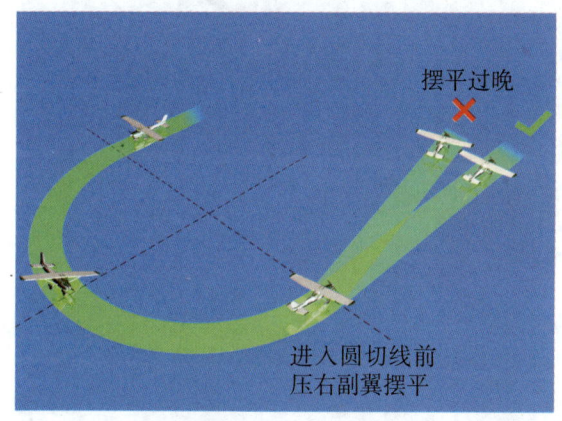

图7-18 适时摆平

在转弯过程中，副翼和升降舵并不是一成不变的，要根据具体情况随时进行调整。

如模型飞机在进入转弯初期坡度正常，但在转弯中坡度过大的时候要及时用副翼修正，使模型飞机随时处于正常的坡度。

初学者在练习水平转弯时，建议先练习左转弯再练习右转弯。

遥控模型飞机一般是通过副翼来转弯和改变航向，而不是使用方向舵。用副翼转弯和改变航向比较迅速，而使用方向舵则比较迟钝，而且要求模型飞机要有较大的上反角才行（一般要大于3°）。在使用副翼转弯时要养成好习惯，手指的动作要轻柔，不要误碰方向舵操纵杆！

3. 标准航线（见图7-19）

这是练习初级飞行技术应掌握的航线，它的路线比较简单，转角柔和，适合初学者练习。飞航线时最重要的是要控制好航线的位置，不能忽远忽近，这关系到能否自如地控制模型飞机。

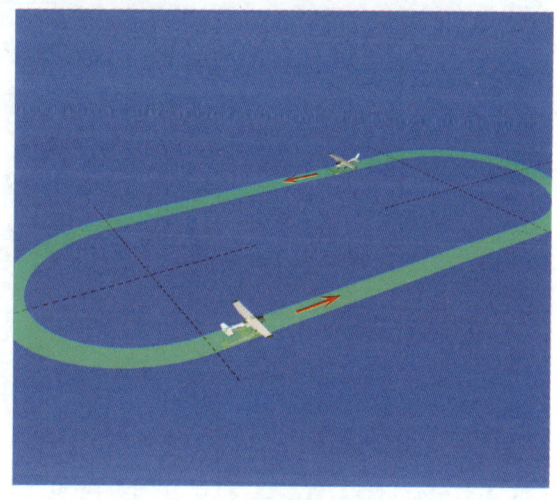

图7-19 标准航线

4. 矩形航线（见图7-20）

这是真飞机降落时常用的飞行路线，矩形航线在每个转角要完成90°转弯，在每个转弯的过程中，舵量要比水平转弯稍大，压舵和回舵也比水平转弯稍迅速。练习这种航线不仅可以熟悉标准降落航线，还可以熟悉转弯飞行技术。

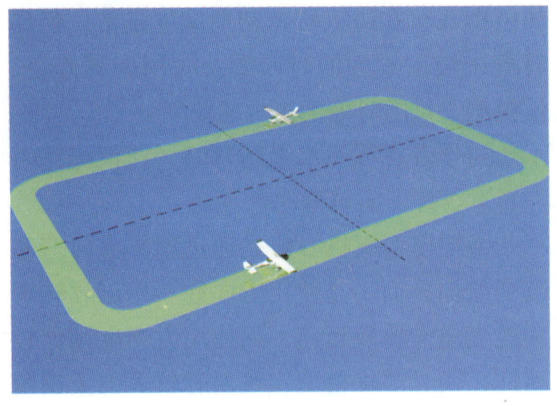

图 7-20 矩形航线

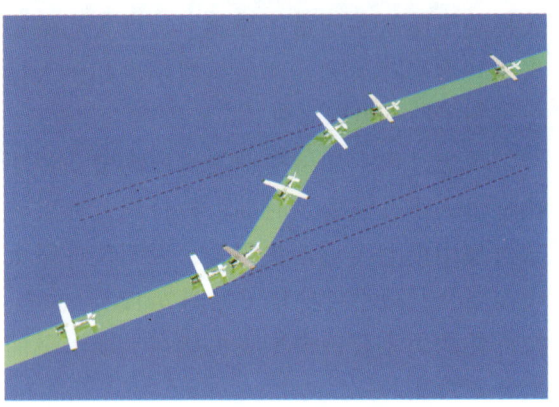

图 7-21 变更航线

5. 变更航线（见图 7-21）

这种航线很有实际意义，因为初学者很容易将模型飞离航线，这种练习可以帮助操纵者纠正偏离航线的模型。变更航线时操作不要过于粗暴，避免出现剧烈波动或倾斜，应该由一条航线柔和地过渡到另一条航线。

6. 起飞（见图 7-22）

模型飞机一定要迎风起飞。因为迎风起飞时模型飞机的机翼会产生更大的升力。

将模型飞机怠速放在起飞线上，对正风向（入门时期操纵者最好站立在模型飞机正后方操纵，熟练后可以站在模型飞机的侧面

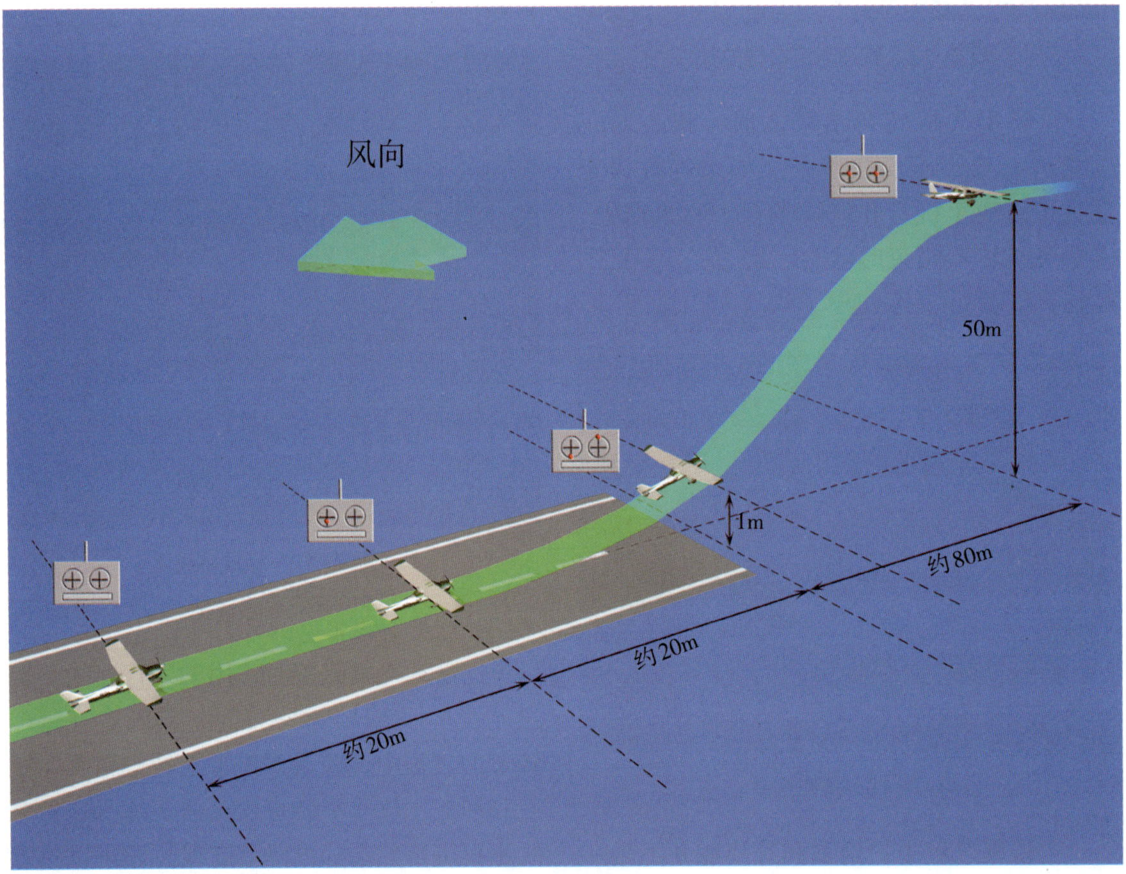

图 7-22 起飞

操纵）。柔和地将油门推至最大，模型飞机在跑道上加速滑行，在滑行过程中，用方向舵操纵杆控制模型飞机的滑跑方向。当模型飞机加速滑跑到足以起飞的速度时，柔和地拉杆使模型飞机抬头离地，拉杆使模型飞机以约30°角爬升，当模型飞机飞到安全高度时摆平，进入正常航线飞行。

在地面滑跑阶段当模型飞机有偏航走势时就要及时地修正滑跑方向，如果等偏航得过于明显时再进行修正，模型飞机就很容易在跑道上"画龙"，这时的模型飞机就难于控制了，对于初学者来说，此时应马上收油门停止滑跑。

另外还有一种投掷起飞的方法。即操纵者或助手单手手持机身的重心位置，将模型飞机举在头部右前方。操纵者将发动机油门推至最大，将模型飞机沿水平直线向前用力投出（见图7-23），模型飞机适当平飞一小段距离后，待积累到足够的飞行速度再逐渐拉起，爬升到安全高度后摆平进行正常飞行。一般情况下只有在地面不能满足起飞要求时会采用投掷起飞的方法。由于投掷起飞时需要一定的技术，建议初学者尽量不要使用这种方法，以免造成模型飞机损伤或发生意外。

图7-23　投掷起飞

7. 降落（见图7-24）

降落是学习飞行技术初期最难掌握的飞行技术，因此要在有经验的教练指导下多练

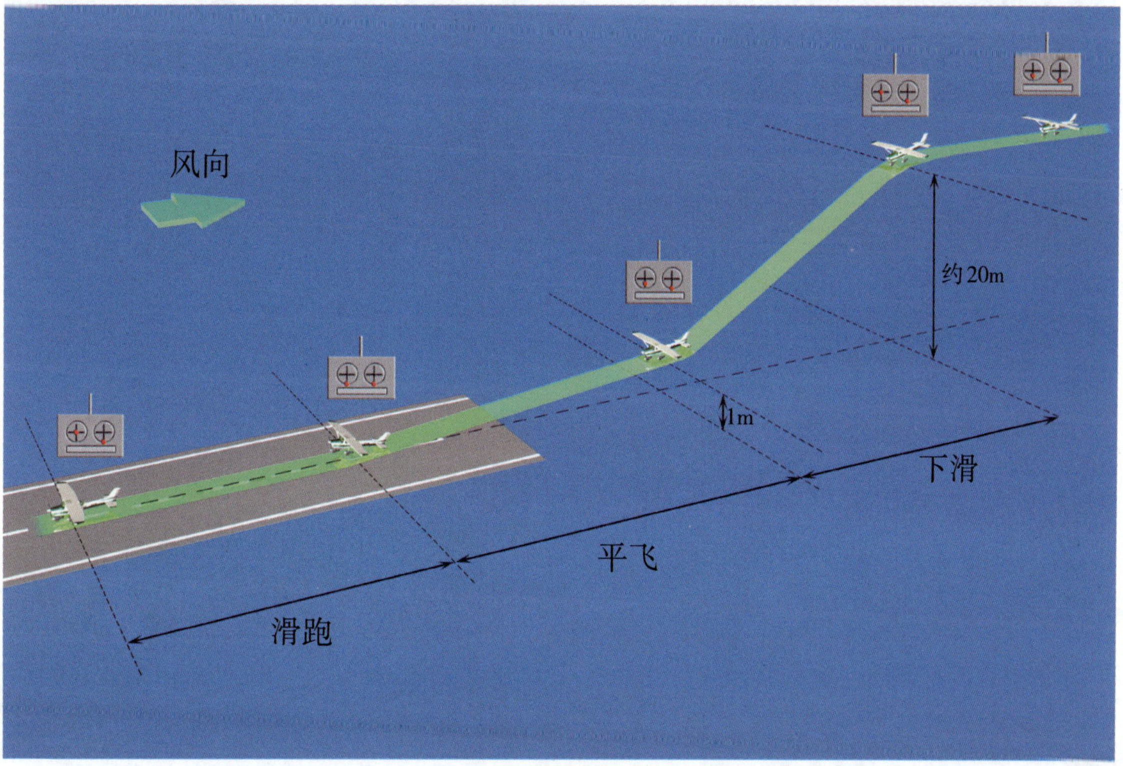

图7-24　降落

习，既要胆大又要心细。

模型飞机降落时一定要迎风降落，这不仅可以降低模型飞机的下滑速度，还可以提高各个舵面的操纵效率（简称舵效）。

降落可以分为三个过程。

（1）减速降低高度。当模型飞机准备好降落时，首先对正跑道，将油门收至怠速状态，使模型飞机低速滑翔，适当推杆（根据模型飞机姿态决定拉杆还是推杆）使模型飞机以约30°角低速俯冲，随着高度不断降低，飞行速度也在逐渐降低，俯冲角度也应该越来越小。

（2）平飞。当模型飞机不断减小下滑角度，滑翔到距离地面约1m高度时，适当拉杆保持平飞，并要持续维持平飞状态。在平飞状态中，模型飞机飞行高度逐渐降低，而且飞行速度也进一步下降。

（3）落地。当模型飞机持续降低高度，机轮即将触地时，进一步加大拉杆量，使模型飞机保持抬头减速状态，使主轮先触地，前轮自然触地。当模型飞机在跑道滑跑时，将发动机停车。模型飞机借着惯性在地面滑行时，还要用方向舵控制模型飞机的滑跑方向，直到模型飞机完全停止。

上面三个过程是自然连贯在一起的，模型下滑是一条柔和的曲线。在降落过程中飞行速度、下滑角度、抬头姿态都不是固定的，要根据模型飞机的具体状态而定。建议初次练习降落最好选择无风天气在开阔的平坦旷野进行。

模型飞机在降落之前可以接标准航线，即在最后一个转弯之前便收油门降低高度，模型飞机可以在转弯过程中逐渐减速并适当降低高度，转弯结束后接降落程序（见图7-25）。技术熟练后也可以按矩形航线进行降落（见图7-26），路线更美观更逼真，但难度也更大一些。

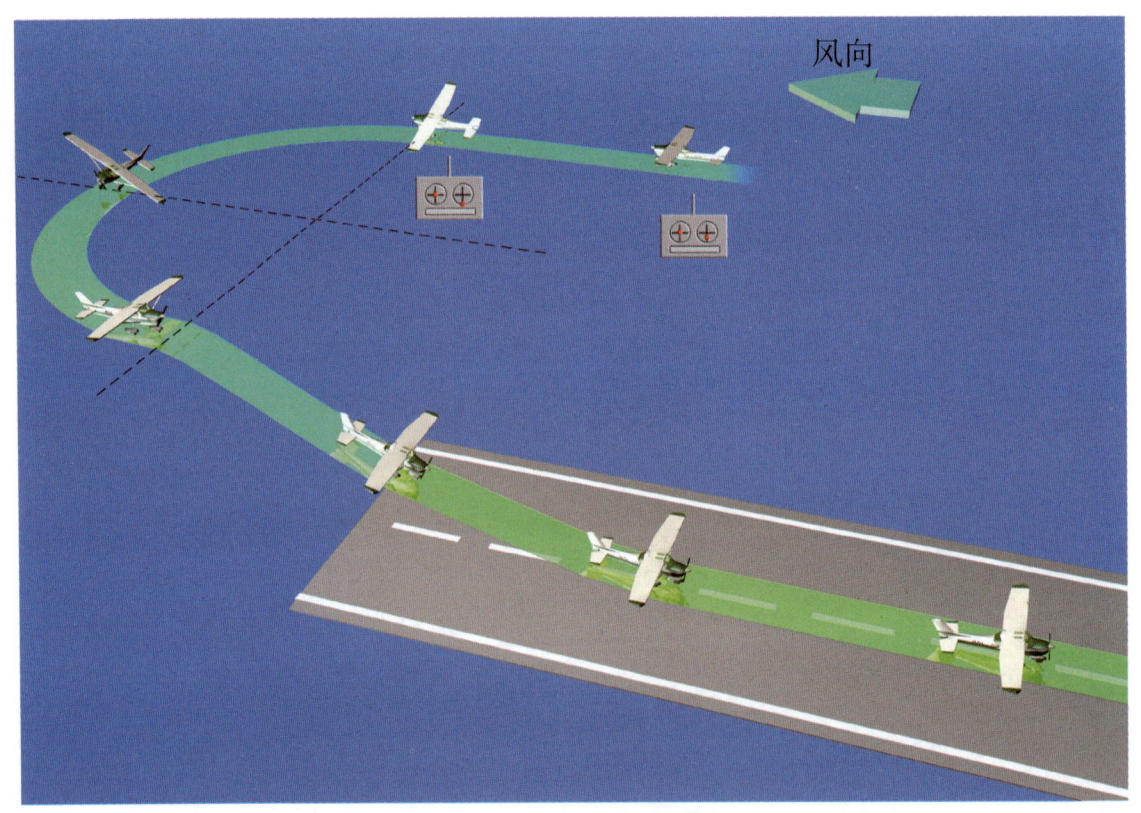

图 7-25　标准转弯后降落

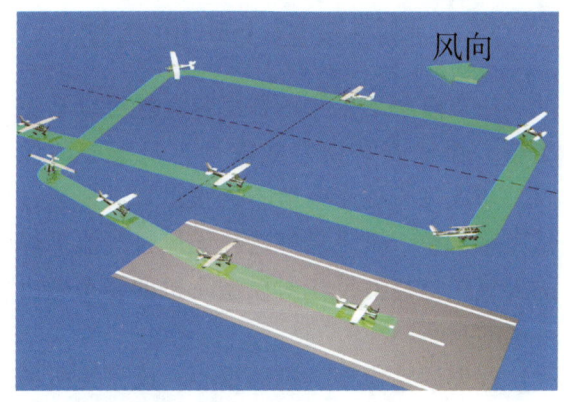

图 7-26　矩形转弯后降落

刚开始练习降落时不必试图一次成功，可以采用低速低空通场的方式尝试降落（见图 7-27），一方面熟练降落技术，另一方面锻炼心理素质。多次低空通场练习中，总会有几次达到最佳时机，抓住时机怠速降落，如有危险可以再次复飞。

图 7-27　低速低空通场降落

练习降落时必须练好过硬的空中飞行基本功，要踏踏实实，不要好高骛远、急于求成，要做到对模型飞机准确、及时控制，使模型飞机按操纵者的指令飞行，操纵者被动追着飞机满天跑是绝对不行的！如果连空中飞行都掌握不好，那么练习降落也是徒劳的，还容易发生危险！

在练习降落时，要选择更开阔的场地，刚开始不要把降落点精确度定得过高，避免增加技术难度，只要落点范围大致准确就可以了，技术熟练后再提高落点的精确度！练习降落时忌讳心浮气躁，情绪不稳定！要保持平静的心态仔细观察和控制模型飞机的姿态，不要总去想模型飞机摔坏怎么办？要做到心态平和、胆大心细！

在刚开始练习降落时，最重要的秘诀是"摆平"！不管飞行速度是否合适，不管模型飞机出现了什么姿态，只要遇到危险状况首先要保证模型飞机"摆平"下滑，只要模型飞机处于"摆平"的姿态，即使其他方面情况都很糟糕，模型飞机也不会受到很大的损伤！

四、操纵者的站姿与飞行空域

正确的站立姿势对操纵也是有影响的。操纵者应保持直立的姿势，两脚平分与肩同宽，略呈外八字，头部自然仰视，双手握发射机于腹前（最好能用发射机背带挂住）。站立的位置应在航线的中央，面对航线，这样才能稳定站立（见图 7-28）。

图 7-28　操纵者的站姿

模型飞机在空中飞行要有固定的飞行线路，称之为"航线"。航线的位置要利于操纵者的观测。一般航线高度处于操纵者正前方抬头 60°（以地面为准）的位置，左右视角 120°（即左 60° 右 60°）的范围内（见图7-29），操纵者和航线之间的距离要根据模型飞机大小做出调整，以 40 级遥控模型教练机来说航线的距离在 80~100m。对于初学者来说航线宁近勿远，但不要在头顶或身后飞行，高度也不要太低，以便出现危险时留有足够的高度和时间来处理。

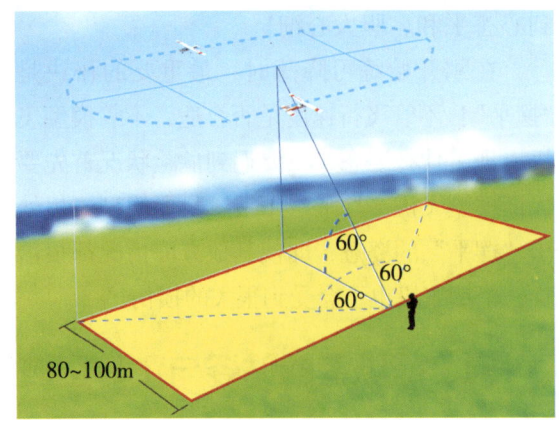

图 7-29　飞行空域

五、起飞程序

飞行的过程要井然有序，切不可慌张忙乱！为了保证飞行的安全，每次飞行之前不仅要详细检查器材，预想种种可能发生的危险并做好处理的准备，而且要安排好飞行过程的各个步骤，养成良好的飞行习惯。一般飞行应该参考以下流程。

（1）检查飞行场地，将场地中的障碍物清除干净；

（2）确认风向，决定模型飞机的起飞、降落方向；

（3）模型飞机加油、试舵、检查、准备；

（4）起动发动机；

（5）在发动机工作的情况下检查各舵面是否工作正常；

（6）模型飞机起飞；

（7）空中飞行；

（8）请助手观察场地情况，协助指挥准备降落；

（9）模型飞机降落，落地后及时关闭发动机，尽量不在场地上滑跑返回，以免发生意外；

（10）关闭模型飞机电源；

（11）检查、维护模型飞机，准备下一次的飞行。

六、遥控模型飞机的调整

一架模型飞机并不是组装好就可以马上飞行，由于安装误差或模型自身形变的原因，初次飞行姿态一般不会很正，需要通过试飞来调整。试飞最好选择无风且气流平静的天气，这样有助于对模型飞机的姿态做出准确的判断。

首先调整模型飞机的重心。模型飞机的重心应位于翼弦的前30%处。用双手的食指分别支撑住左右机翼翼弦的前30%处，机身要保持水平状态（见图7-30），如果机身不能保持水平可以挪动机舱内的设备或在机尾、机头处增加配重来调整。

图 7-30　调整重心

在飞行中观察模型飞机的飞行轨迹，先将飞行中的模型飞机摆平进行直线飞行，如果模型飞机总是朝某个方向偏移，就可以利用相应的通道微调反方向进行修正。例如模型飞机总是抬头，可以推升降舵微调，使模型飞机能够平飞为止（见图7-31）。

模型飞机能飞正后加大油门，使模型飞机垂直爬升，如果模型飞机向左或向右发生方向性的偏航，说明发动机的右拉角不合适，可以向相反的方向加大或减小右拉角（见图7-32）。

调整模型飞机以高速平飞，突然收油门至怠速，在短时间内模型飞机应该以平飞状

第七章 | 遥控模型飞机的操纵与飞行

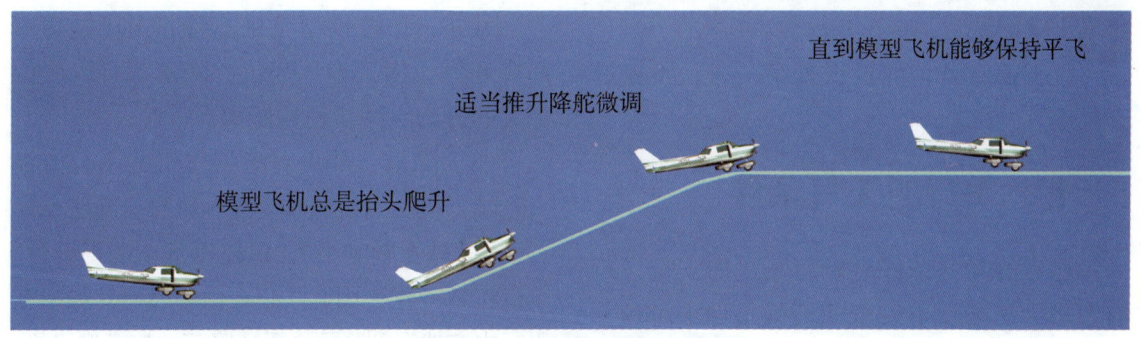

图 7-31　根据轨迹调整飞行

态继续滑行一小段距离。如果模型飞机有抬头的趋势，说明发动机下拉角太大了，需要减小发动机下拉角。如果模型飞机有低头趋势，说明发动机下拉角太小了，需要增加发动机下拉角（见图 7-33）。

　　模型飞机的舵量大小，说明书里一般有标注，如果在飞行中感觉不太适应可以做调整，一般舵量的参考标准如下几点。

（1）副翼：滚转一周的时间为 1.5~2s。

（2）升降舵：拉足杆模型飞机可以完成标准的 90°转角。

（3）方向舵：单独使用时可以替代副翼

图 7-32　垂直爬升时调整发动机右拉角

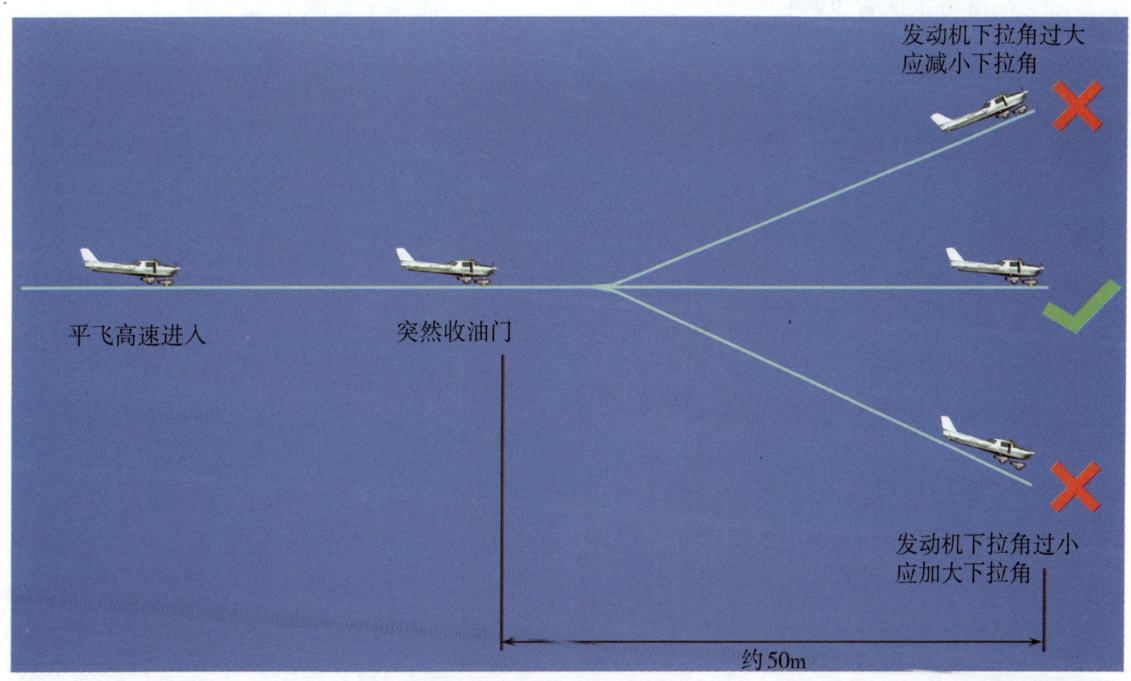

图 7-33　先高速平飞后怠速时调整发动机下拉角

完成正常的转弯。

对于初学者，舵量设置小一些，不要过于灵敏。

七、飞行的天气条件

恶劣的天气条件对模型飞机的安全飞行有着较大影响，不安全的天气条件宁可放弃飞行！应该注意如下几点。

（1）能见度。飞行最好选择晴天，晴朗的天空下模型飞机的姿态和色彩十分清晰，模型飞机的阴影也不明显，有利于观察。天空呈现灰白色的情况下，模型飞机的色彩不突出（尤其是下表面颜色偏浅的模型飞机），模型飞机的阴影明显，最好不要把模型飞机飞太高太远。傍晚天色较暗，有时很难辨别模型飞机的姿态，不要勉强飞行。大雾天气，能见度低于200m时，也不要尝试飞行。

（2）风力。模型飞机的几何尺寸较小，一般不要在强风中飞行。通常不管多大级别的遥控模型飞机，禁止在5级以上的风中飞行，对于较小的模型飞机（15~20级），2~3级及以上的风也不适宜飞行！

另外，遥控模型飞机不管起飞还是降落都要迎风，因为迎风起飞、降落都可以获得更大的升力，减少滑跑距离。

（3）降雨。降雨对模型飞机的飞行有极大影响，模型飞机遇水受潮，机身会膨胀变形（复合材料受影响小），遥控设备（电子设备）难以正常工作，因此严禁在雨中飞行！如果在飞行中突然遇到降雨，迅速降落遥控模型飞机，利用手头工具（没有雨伞可用塑料袋、衣服等物品）盖住发射机，防止雨水流进发射机。如果模型飞机只是短时间少量淋雨一般只需用干毛巾擦干即可，但如果雨水流进器材内部，尽量拆开擦干并且用白炽灯照射加快干燥！

八、遥控模型飞机的基本特技飞行技术

特技动作（又叫特技飞行）是指模型飞机按照某种固定的操纵顺序完成的机动动作（或花样动作），具有一定的技术难度。遥控模型教练机不是专门完成特技动作的机型，但可以进行特技动作入门的尝试与练习！

1. 正筋斗（见图7-34）

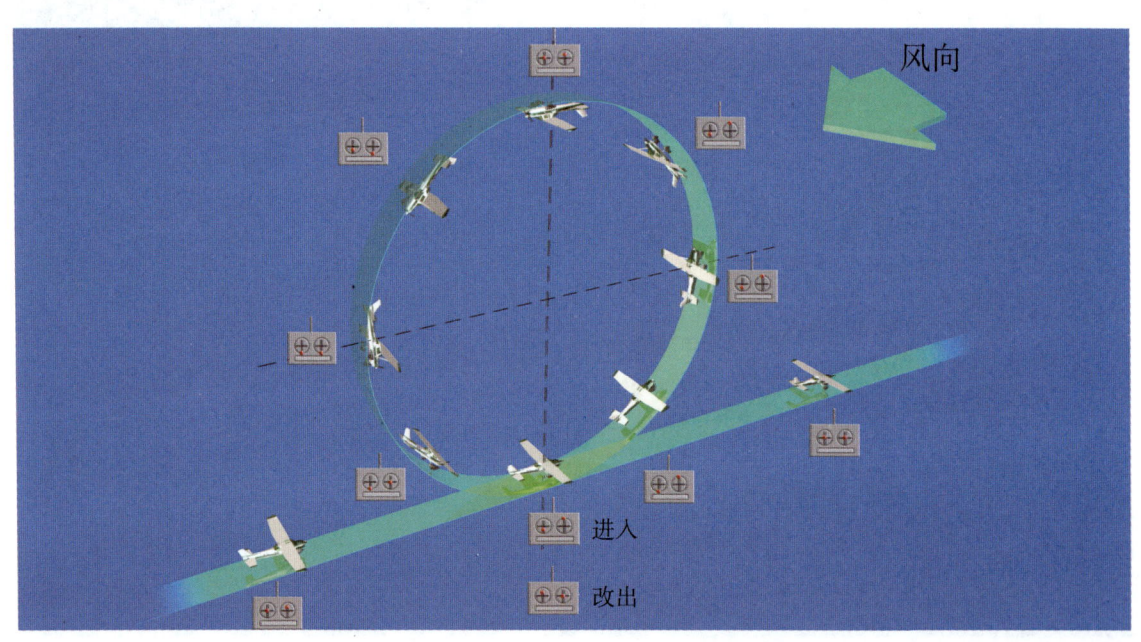

图7-34　正筋斗

模型飞机平飞进入，飞至操纵者正前方时将油门推至最大，并保持拉杆使模型飞机抬头爬升进入筋斗，在筋斗的顶点适当回拉杆量，飞过筋斗顶点后收油门并继续保持拉杆，筋斗完成进入航线时，拉杆回中油门恢复平飞速度，动作结束。

技术要点：

进入任何一个特技动作之前都要摆平机翼和对准航向，防止动作偏斜，这也是所有特技动作的前提。

筋斗的圆直径不要太小，动作的速度要均匀，筋斗不应有偏斜，要垂直于地面。

做正筋斗时最好迎风进入，因为迎风时机翼升力较大，更有助于模型飞机的拉起。而顺风进入机翼的升力降低，模型飞机由于升力的降低会出现下沉的趋势，不容易顺利完成前半个筋斗，导致动作的失败！

当模型飞机进入到1/2筋斗时，开始进入倒飞状态，此时机翼产生的负升力会产生负作用，容易使筋斗轨迹不圆滑！从1/4筋斗后要逐渐减小拉杆量来抵消过多的负升力，在进入1/2筋斗的倒飞状态时，推杆量也加至最大，经过筋斗顶点（1/2筋斗）后推杆量逐渐减小。在进入3/4筋斗时，此时模型飞机的舵效较低，必须适当加大拉杆量，如果按一般拉杆量做完最后的1/4筋斗，模型飞机会下沉，使筋斗的飞行轨迹不圆滑！在进入平飞时，由于俯冲的势能使模型飞机加速，升力加大，如果仅仅回中升降舵，那么模型飞机在进入平飞时由于升力过大会突然抬头，因此在进入平飞的一瞬间要"点"一下推杆，防止模型飞机抬头。

2. 垂直爬升（见图7-35）

模型飞机平飞进入，飞至操纵者正前方

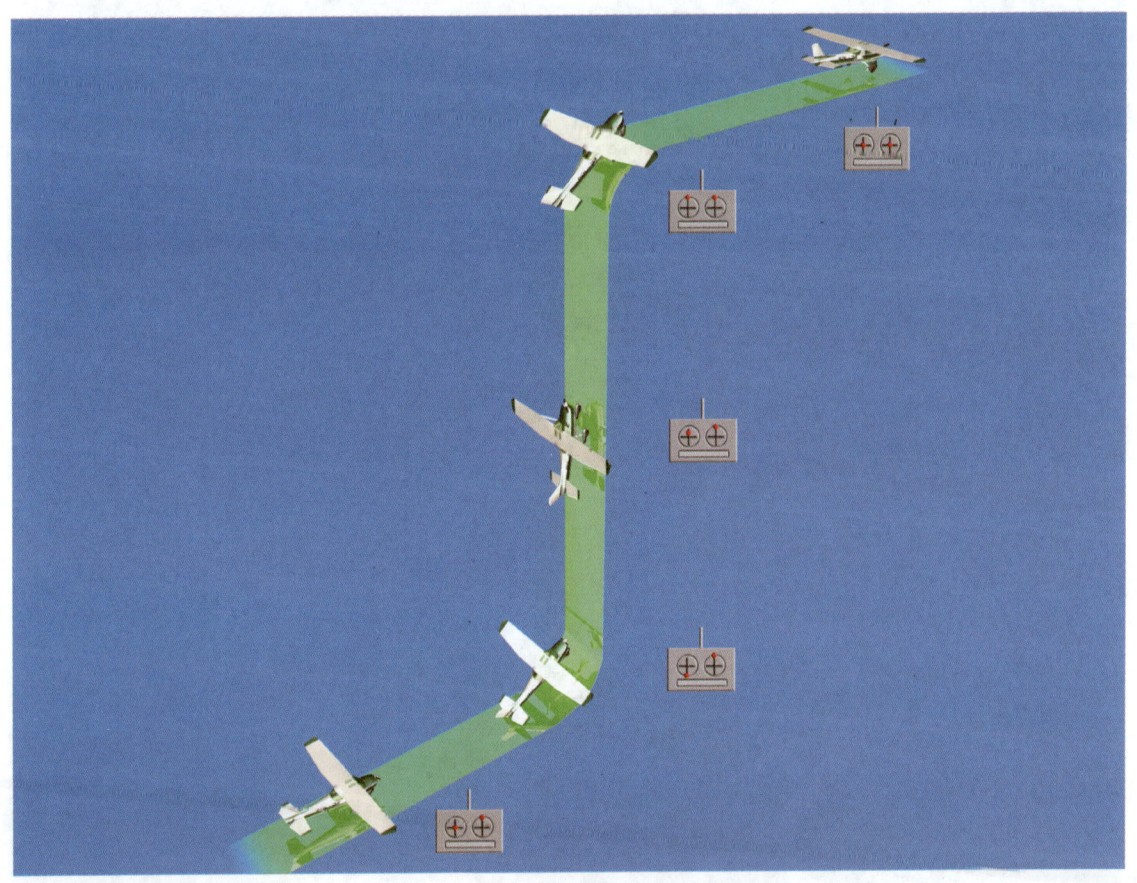

图7-35　垂直爬升

时推油门至最大,柔和拉杆使模型飞机垂直向上爬升;飞过转角后拉杆回中,在整个爬升过程中适当保持少量推杆,使轨迹垂直;当飞到顶端时推杆,恢复平飞状态,平飞后收油门至平飞速度,动作结束。

技术要点:

垂直爬升动作的上升轨迹要直,转角要柔和,直线段应位于动作的中心位置。

进入垂直爬升之前,应该加大油门积攒动能,防止垂直爬升后期动力的不足。在转向时动作要柔和,转角半径不要太小。在垂直爬升过程中,模型飞机的重量由发动机的拉力来平衡,此时机翼产生的升力就会变得多余,模型飞机会出现抬头的趋势,在此过程中要保持合适的推杆量来平衡机翼产生的升力,使机翼保持在无升力迎角下工作!

模型飞机可能在垂直爬升中受到侧风的影响,应向侧风方向压方向舵修正航向,但方向舵不要压得过大,因为大多数遥控模型教练机机翼上反角比较大,过大的舵量很容易造成模型飞机的滚转和转向。

在做垂直爬升动作时,要把直线段放在动作的中央。由于飞转角动作需要一定的时间和距离,如果在进入动作区的中央才开始转角,那么垂直爬升的位置就会后移,造成动作位置的不准确!

3. 垂直俯冲(见图7-36)

模型飞机从高处进入,飞至操纵者正上方时油门收至怠速位置,然后推杆使模型飞机垂直俯冲,在俯冲过程中适当保持少量推杆,使轨迹垂直,当飞到底端时拉杆,模型飞机恢复平飞状态,平飞后油门恢复平飞速度,动作结束。

技术要点:

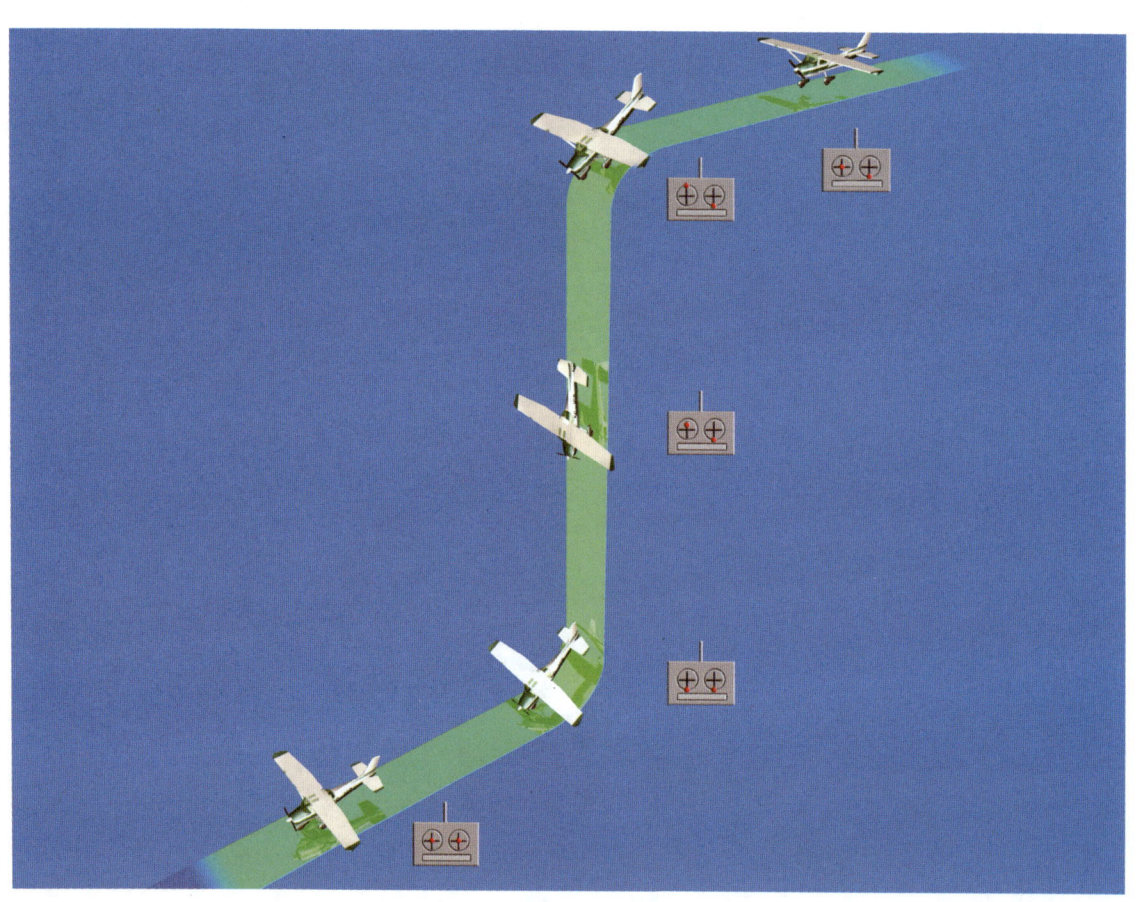

图7-36 垂直俯冲

垂直俯冲的技术要点基本和垂直爬升相同，只是模型飞机在俯冲过程中会积攒势能，在改出之前会有较大惯性，如果模型飞机冲到改出的位置再拉杆，最后真正的改出位置容易较低，因此要注意拉杆的"提前量"！

4. 倒飞（见图7-37）

模型飞机平飞进入，向右（左）压副翼，模型开始横滚，当滚转至倒飞状态时，副翼回中，适当保持推杆维持飞行高度，倒飞过程中用副翼修正机翼的姿态，要结束倒飞状态时，向右压副翼（同时推杆逐渐自然回中），模型开始横滚，当恢复平飞时动作结束。

技术要点：

模型飞机在倒飞时，由于机翼的上反角变成了下反角，上单翼变成了下单翼，因此稳定性会有所下降。刚开始练习倒飞动作时很多爱好者不太习惯，总认为操纵的方向也变成了"镜像"，尤其是推拉杆的方向很容易弄错，为了安全可以在高空慢慢练习养成习惯。倒飞时副翼的操纵方向和正飞是一样的，用副翼修正平衡和航向。在倒飞过程中最好不要使用方向舵修正航向，因为此时"下反角"的存在会增加方向舵操作难度！

5. 横滚（见图7-38）

横滚动作和倒飞很相似，只是把上述的动作连贯起来一气呵成，在滚转过程中，要一直压着副翼直到平飞时结束，推杆动作要在进入倒飞之前逐渐施加，在倒飞中最大，滚过倒飞后推杆逐渐减小，实际感觉是经过倒飞的一瞬间"点"一下推杆。

技术要点：

好的横滚动作轨迹要直，路线要长，这样会更加美观。

在做横滚动作时最好选择顺风，因为顺风的风向会增长横滚的距离，使横滚动作更

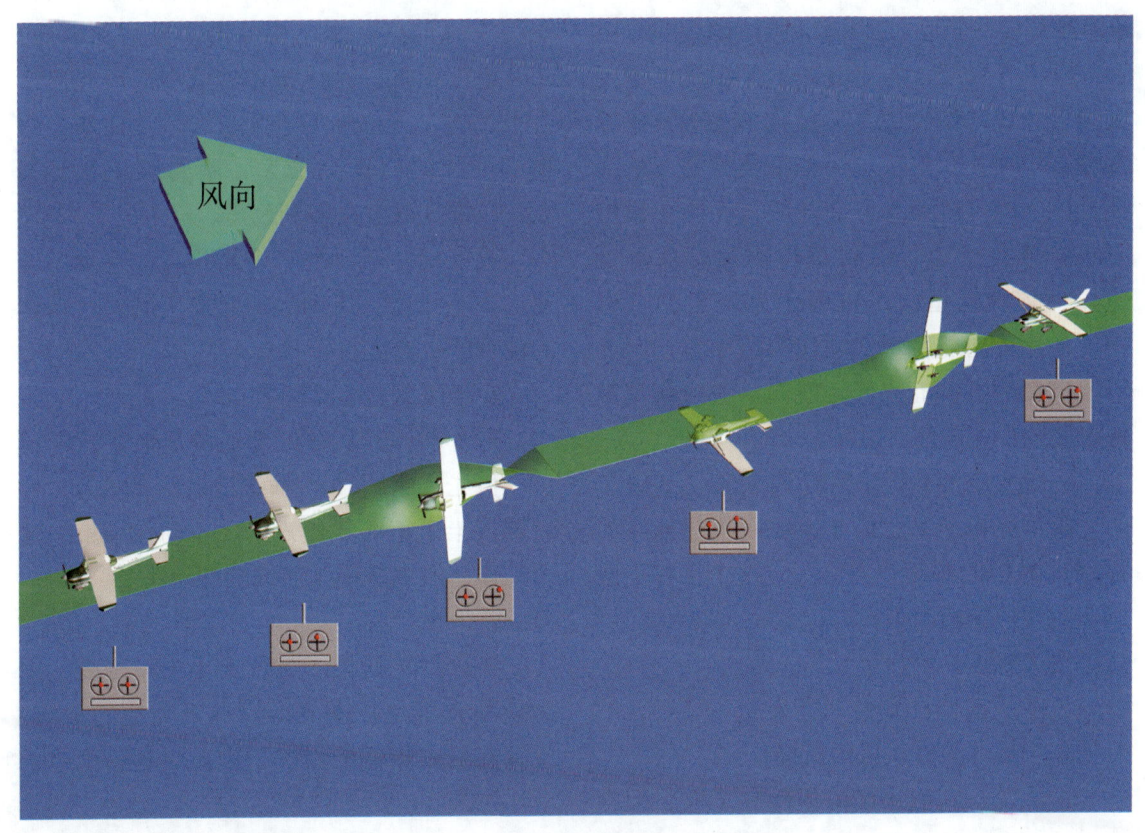

图7-37　倒飞

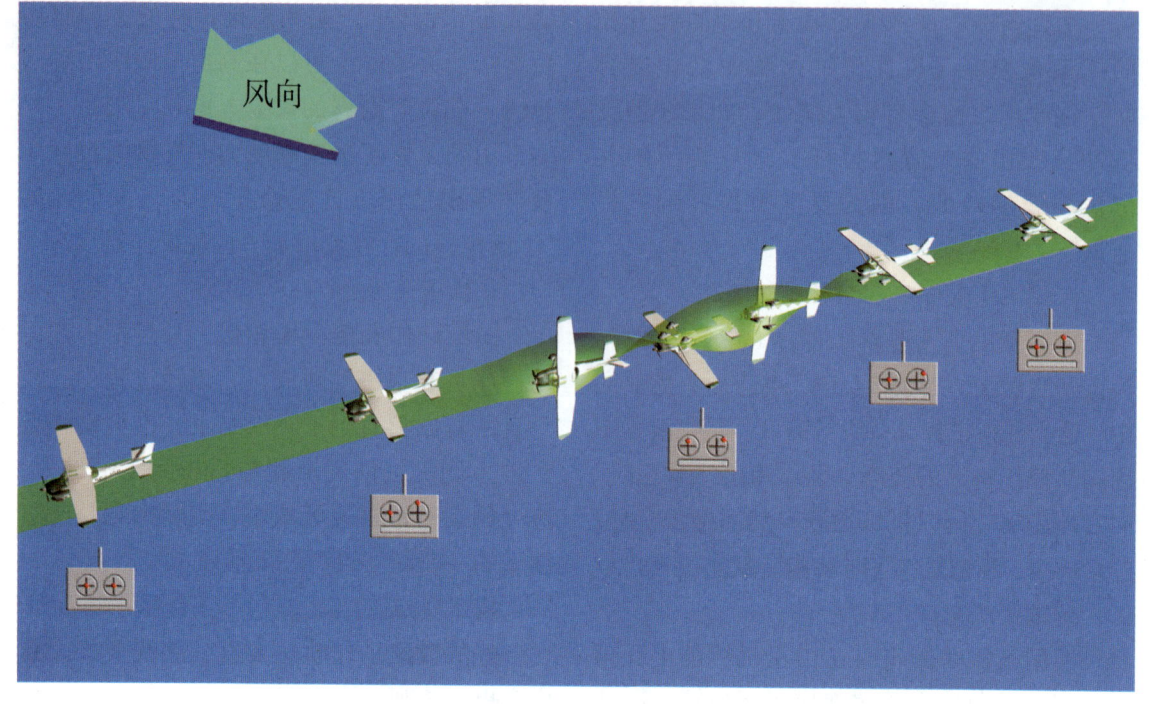

图 7-38　横滚

优美。但在顺风飞行时升力减小会使模型飞机有掉高度的趋势，因此要适当加大油门。

模型飞机滚转的速度既不要太快也不要太慢。太快动作轨迹距离短且不美观，速度太慢会增加技术难度。遥控特技模型飞机在经过侧飞时可以用修方向舵的方法防止模型飞机掉高度，也可以将滚转的速度保持低速，但遥控模型教练机由于上反角的负作用，使用方向舵会增加动作的负作用，因此不要试图用方向舵来修正航向。遥控模型教练机要尽快完成侧飞过程。

6. 殷麦曼（半筋斗翻转）（见图7-39）

模型先做半个正筋斗，在刚飞过筋斗的顶点时做180°横滚恢复平飞，这个动作一般用于航线两端的调头。

技术要点：

殷麦曼动作首先要把半个筋斗飞好，然后处理半筋斗与直线段的衔接。

这个动作在进入的时候问题不大，但在改出进入直线段时的衔接要特别注意。因为在筋斗的顶点模型飞机的速度也达到最低，此时舵效很低，做出指令后模型的反应通常会很迟钝，无法顺畅进入直线段。在筋斗的顶端要将油门推至最大，副翼舵量也要最大，以提高舵效，顺利改出。

殷麦曼一定要把半个筋斗飞完整然后迅速进入直线段，否则航向会发生偏差，动作的美观度也会大打折扣！

7. 半滚倒转（见图7-40）

这个动作其实是殷麦曼的反向进行，模型飞机先减速做180°横滚进入倒飞状态，然后再接半个正筋斗进入平飞，动作结束，这个动作一般也是用于航线两端调头。

技术要点：

半滚倒转的技术难度要小于殷麦曼，因为模型飞机是在平飞的情况下完成的滚转，不存在舵效降低的情况，因此更容易把这个动作飞准。

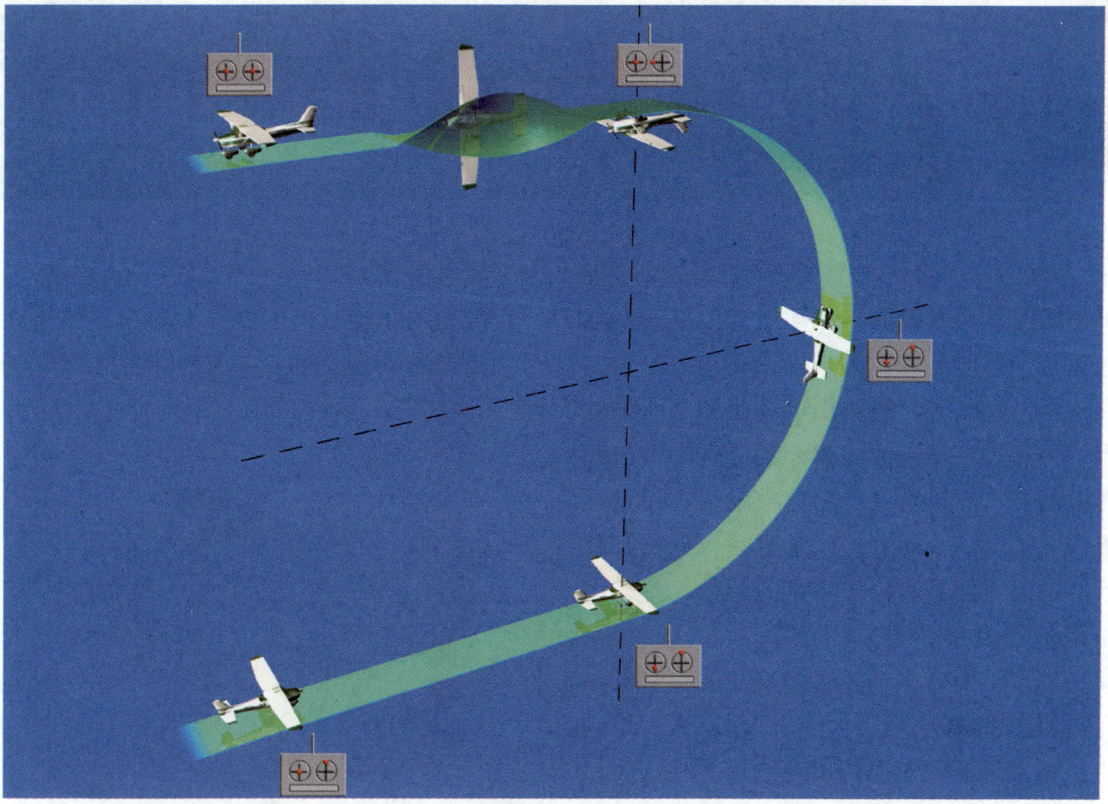

第七章 | 遥控模型飞机的操纵与飞行

图 7-39 殷麦曼

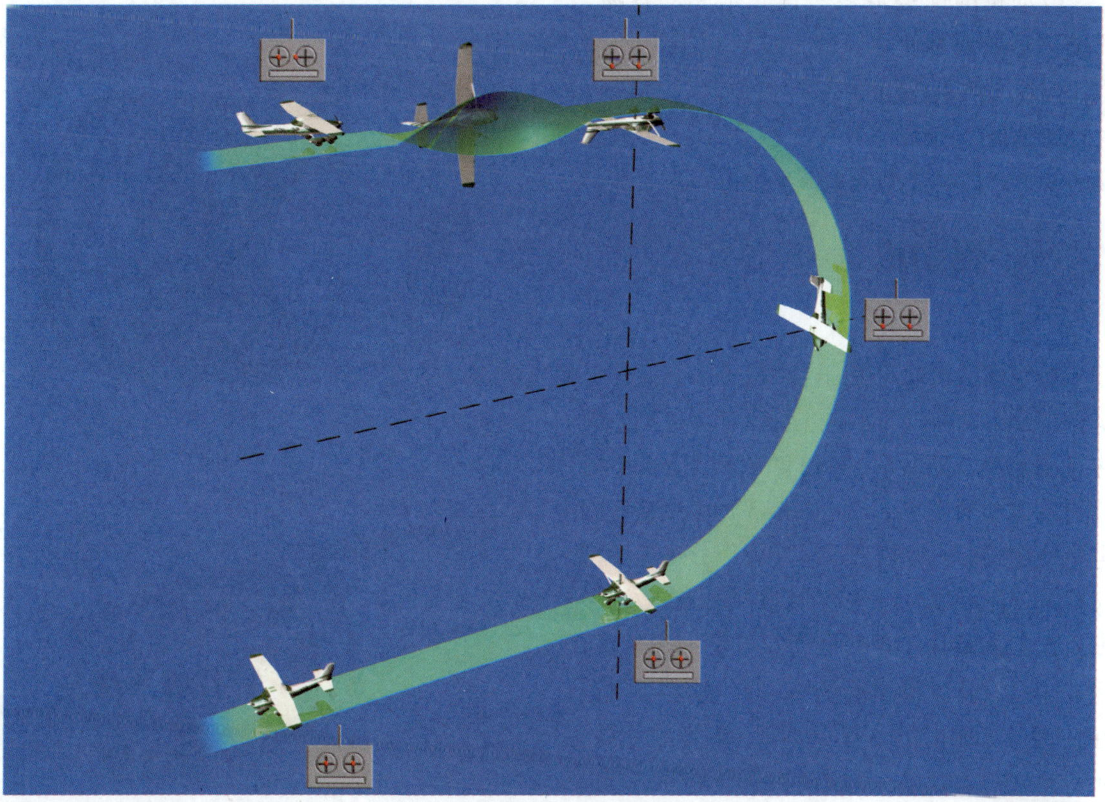

图 7-40 半滚倒转

109

第八章
电动机、调速器、电池和充电器

大概 20 年前，几乎所有的遥控模型飞机都使用燃油发动机，电动遥控模型飞机寥寥无几，即使是电动滑翔机，其动力也只能维持小角度爬升，想采用电动机随心所欲地飞行，仅是一种憧憬。而今天，无刷电机和锂电池技术的迅猛发展，使电动遥控模型飞机变成了现实。随着电动动力系统器材和技术的不断成熟，价格成本不断降低，不仅中小型遥控模型飞机采用了电动机，而且对动力要求极为苛刻的专业竞赛项目，如 F3A（遥控特技模型飞机），也几乎全部采用电动机！可以说无刷电机的出现给遥控模型飞机的动力系统带来了一次技术革命！

电动机的优势很多，首先是起动容易，几乎不需要太多使用经验，就可以方便地使用。电动机工作稳定可靠，可以轻松提供较大的推重比，且绿色环保，克服了发动机的很多缺点，因此受到众多航模爱好者的喜爱。

一、电动机

1.电动机的分类

遥控模型飞机使用的电动机（以下简称电机）主要有两种，即永磁式直流有刷电机（简称有刷电机，见图8-1）和交流无刷电机（简称无刷电机，见图8-2、图8-3）两种。有刷电机使用的历史比较长，早期大部分遥控模型飞机都使用有刷电机。但有刷电机工作效率较低，已经不适用于现代电动遥控模型飞机了，只有少数玩具级和普通型电动遥控模型飞机还在使用。无刷电机具有功率大、工作效率高、不容易发热等优点，尤其动力强劲是有刷电机无法相比的，能够保证电动遥控模型飞机完成早期使用有刷电机时实现不了的特技动作。

常用的无刷电机主要分为两种，即外转子无刷电机（见图8-2）和内转子无刷电机（见图8-3）。

图 8-1　有刷电机

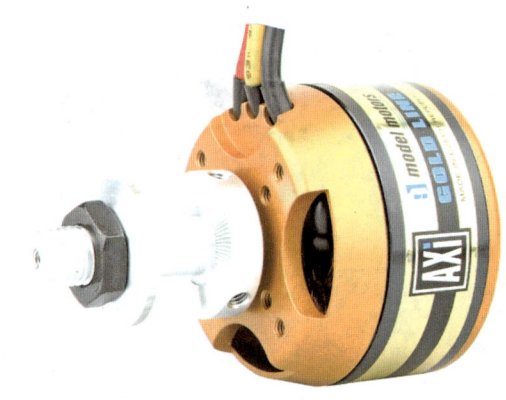

图 8-2　外转子无刷电机

图 8-3　内转子无刷电机

外转子无刷电机的转子部分即电机的外壳，外壳是旋转的部分，因此称之为外转子无刷电机。外转子无刷电机具有扭矩大但转速相对较低的特点，适合直接驱动直径和螺距比较大的螺旋桨，因此更适合低速模型飞机，一般螺旋桨式模型飞机大多使用外转子无刷电机。由于外转子无刷电机的外壳是转动的，因此电机固定比较麻烦，需要连接在特殊的安装架上（见图8-4）。

图8-6　涵道式动力组

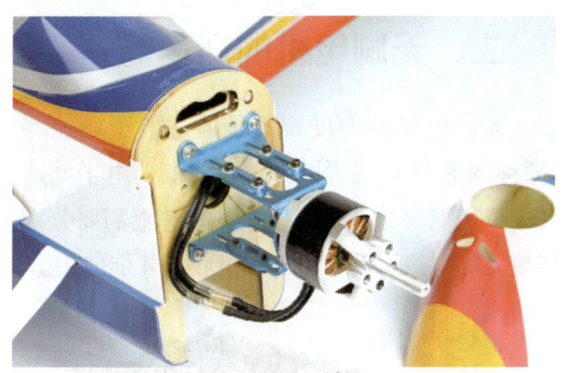

图8-4　外转子无刷电机的安装架

内转子无刷电机的转子在内部，结构样式和有刷电机有些相似。内转子电机转速较高，但扭矩较小，一般适合直接驱动直径较小的螺旋桨做高速飞行，主要用于不能使用大直径螺旋桨的场合，如模仿喷气飞机的涵道模型（见图8-5）的涵道式动力组（见图8-6）常常使用内转子无刷电机。内转子电机固定比较方便，直接固定其外壳部分就可以。

2. 无刷电机的KV值

KV值是体现无刷电机重要性能的一项数值。KV值是指在单位电压下无刷电机的转速，如一款无刷电机标定的KV值为1200，在7.4V的电压下工作，其转速为8880r/min。要注意的是，KV值一般是在空载状态下测得的，在载荷不同的情况下，转速不同。

KV值和电机的扭矩与转速有一定的关系，高KV值的电机转速较高，但扭矩一般较小，适合使用规格较小的螺旋桨。低KV值的电机转速较低，但扭矩一般较大，适合使用规格较大的螺旋桨。

一般同一级别的电机都会有很多规格的KV值可选择，主要是飞行的要求不同，要根据情况选择合理的KV值。如果是飞行速度较高、不经常飞特技动作的模型飞机，如象真战斗机、竞速飞机适合使用高KV值的无刷电机；如果是飞行速度较低、经常做特技飞行的模型飞机，如运动飞机、特技飞机适合采用低KV值的无刷电机。

无刷电机的KV值一般在电机外壳表面都有标识（见图8-7）。

图8-5　涵道模型

图8-7　无刷电机的表面有KV值

3. 无刷电机的工作电压与工作电流

在选择与使用无刷电机的同时，特别要注意无刷电机的工作电压和电流等性能数据，否则很可能会损坏无刷电机。在选择一种规格的无刷电机时首先要通过使用说明了解无刷电机的工作电压，这关系到无刷电机能否匹配合适规格的电池组，若所用电池组超过电机的允许电压，电机很可能烧毁！

在额定电压内，无刷电机的工作电流和使用的螺旋桨载荷大小有关，螺旋桨规格越大，载荷就大，工作电流也就越大；螺旋桨规格越小，载荷就小，工作电流也就越小。在保证动力输出的情况下，尽量减小无刷电机的载荷，会带来很多好处，因为工作电流减小了，就会更加省电，不仅可以延长飞行时间，还可以匹配容量更小的电池，减轻模型飞机的飞行重量。

无刷电机的工作电流还和电机的KV值有一定关系，一般情况下，无刷电机的KV值越高，工作电流就越高，无刷电机的KV值越低工作电流就越低。

4. 无刷电机的尺寸与级别

和发动机一样，无刷电机也根据功率的不同分为若干个级别，以适应不同级别、大小的模型飞机，只是无刷电机级别的划分比发动机显得更复杂一些。

无刷电机级别的划分一般按无刷电机的几何尺寸来划分，但情况不同。一种方法是按无刷电机的外部几何尺寸来划分级别，另一种是按无刷电机内部的几何尺寸来划分级别，这是目前比较流行的两种方法。前一种方法较为直观，更容易比较，因此本书以这种方法作为划分依据。

无刷电机以尺寸划分级别的方法没有国际统一标准，即不同厂家不同品牌的无刷电机可能几何尺寸不完全相同，因此不同品牌的无刷电机之间的性能数据只能参考比较！

一般情况下同一直径大小的无刷电机被划分在同一级别中，但在电机直径相同的情况下，无刷电机的长度都不相同，可以视为同一级别中的子级别。不同长度的电机性能也有所差别。在直径相同的情况下，电机的长度越长，功率越高、扭矩越大，KV值相应有所下降，但重量也会随之增加，因此要根据模型飞机具体的性能数据选择无刷电机的级别。

二、无刷电机的调速器

无刷电机的速度调节是通过电子调速器（简称调速器）（见图8-8）完成的，电子调速器的英文缩写是"ESC"。电子调速器需要分别连接无刷电机、动力电源和接收机才能使用。

图8-8 电子调速器

1. 电子调速器的使用

电子调速器的连接方法是：调速器的三芯插头（即信号插头）直接插入接收机的油门通道；电源插头通过大电流插头和动力电源连接；无刷电机与调速器的三条连接线没有固定的连接顺序，一般是先按顺序或导线的颜色连接，在试车时如果发现电机的旋转方向不对，可调换任意两条接线的位置。连接的图示如图8-9所示。

使用电动遥控模型飞机时的操作顺序一定要先打开发射机（开机前要确认油门操纵杆放到了最低位置），然后再接通动力电源。

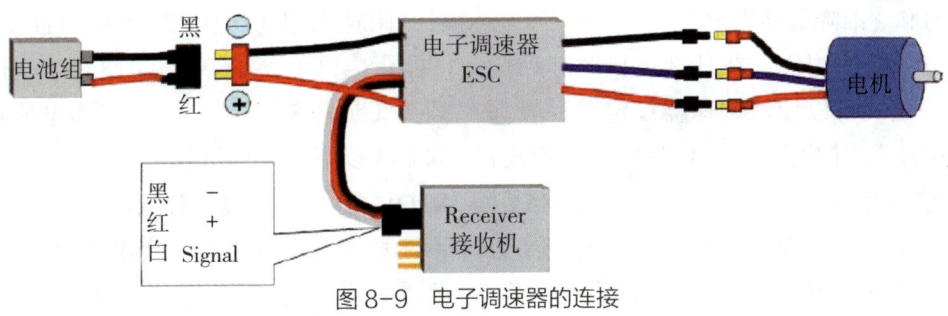

图 8-9 电子调速器的连接

开机后,电机不会马上工作,要在油门操纵杆处于最低位时进行确认,听到确认声以后再推油门,电机才能正常工作。开机时如果油门杆处于最低位以上,发射机和电子调速器都会发出警告声,必须强制将油门操纵杆回到最低位时才能开始起动确认程序!

当无刷电机工作后发现油门操纵杆的操纵方向反了,应该先断开动力电源,然后通过遥控设备发射机上的舵机反向开关来改变电机的旋转方向后重新起动!

由于每个品牌的调速器操作流程多少有些差别,因此准确的使用方法与流程请遵照各品牌调速器的使用说明进行操作。

2. 电子调速器的级别

电子调速器的级别主要根据额定电流决定,调速器可能会分为 20A、30A、40A、60A 等多种规格,一般随着工作电流的提高,调速器外形尺寸和重量也有所增加。

电子调速器额定电流应与电机的工作电流一致。例如,通过测试了解一台无刷电机的工作电流(带有螺旋桨载荷的情况下)为 37A,那么就要选额定电流比电机工作电流稍微大一些的调速器,如 40A 的调速器!无刷电机在起动的瞬间,由于承受的载荷较大,瞬间电流可能会超过正常的工作电流,不过一般情况下调速器也能承受短时间(一般为十几秒)的过载电流,只要不是长时间在过载电流下工作。

3. 调速器为接收机、舵机的供电情况

大部分电子调速器具备把动力电源的一部分电能提供给接收机和舵机的功能,这种功能称为"UBEC",简称"BEC"。BEC 输出有两种形式,即"线性模式"和"开关模式"。额定电流在 40A 以下、工作电流比较小的调速器,BEC 输出通常采用线性模式,常见于小型的电动遥控模型飞机;额定电流在 40A 以上、工作电流比较大的调速器,通常采用开关模式,常见于较大的电动遥控模型飞机。但当使用大型电动遥控模型飞机时,由于舵机的工作电流比较大,最好选择无 BEC 功能的调速器,并且单独使用一组电源给接收机和舵机供电,这样更加可靠。

4. 调速器常用的一些设置

刹车设定:可以选择电机是否有刹车功能。处于滑翔状态的模型飞机,没有设置刹车功能时,电机不工作,但在飞行中螺旋桨会受到迎面气流的影响自由旋转,以减小阻力,一般用于普通的固定翼螺旋桨式模型飞机。如果设定了刹车方式,电子调速器会驱使电机产生阻尼效应,在飞行中即使受到迎面气流的吹拂,螺旋桨也不会旋转,保持刹车状态,一般用于带有折叠螺旋桨的电动滑翔机。

电池类型:电子调速器一般可以选择镍镉、镍氢电池或者锂电池,使用什么种类的电池就设定在什么模式上。

低电压保护模式:操纵模型飞机时,如果锂电池放电过度,不仅会损坏锂电池,而且有失控的危险!低电压保护模式可以在锂电池电量过低之前,保证接收机能正常供电。低电压保护模式可以选择两种模式,即瞬时

113

切断动力和逐渐降低动力输出。

低电压保护阈值：在什么电压时起动低电压保护模式可以使用调速器设定，一般都有"低电压""中电压""高电压"三种模式，对应的电压值一般为（每节电池）2.85V、3.15V、3.3V。选择低电压保护阈值时宁高勿低，一般选择"中电压"，例如使用3节串联的锂电池，则低电压保护阈值为3.15×3=9.45（V），调速器在动力电池电压下降到9.45V时开始起动低电压保护模式。

起动模式：电机的起动状态有三种，即"正常起动""柔和起动""超柔和起动"，起动状态越柔和，电机从静止到加速所用的时间就越长。一般正常起动用于普通的固定翼模型飞机，而"柔和起动""超柔和起动"适用于直升机。

5. 电子调速器使用的连接插头

无刷电机和调速器及动力电源的级别不同，产生的电流大小也不同，在导线的连接处可能产生不同大小的电流，应该针对不同情况选择合理的模型专用插头。

电机和调速器之间多选用模型专用的"香蕉插头"（见图8-10）。"香蕉插头"的直径有多种，在20A以下的调速器可以选择直径2.5mm的香蕉插头，30~40A选择3.5mm的，40~60A选择4mm的插头。

调速器和动力电源之间的插头有T形（见图8-11）、XT60（见图8-12）和大直径插头（见图8-13）三类。工作电流较小的，如40A以下的可以选择T形，40~60A的选择XT60，更大的可以选择大直径的插头。如果不注意插头的选择，工作电流超出插头承受范围，不仅使用效果会受到影响，严重时可能会烧坏插头！

图8-11　T形插头

图8-12　XT60插头

图8-10　香蕉插头

图8-13　大直径插头

三、模型飞机专用电池

现在的电动遥控模型飞机使用的电池类型主要有两种，即镍系类电池（主要包括镍镉电池和镍氢电池）和锂电池（主要是锂聚合物电池）。

镍系类电池（见图8-14）由于自身重量大，现在主要用于遥控设备的供电，几乎不再作为电机的动力电源了。一般遥控设备使用的镍电池是电池组（见图8-15）的形式，也有为散装式的充电电池（见图8-16），散装镍电池多给发射机供电。

图8-14　镍电池

图8-15　镍电池组

图8-16　充电电池

镍镉电池和镍氢电池的性能有差别，见表8-1。它们都可以用于一般的遥控设备，但如果是使用数字接收机或舵机，或使用大扭矩高速舵机，需要的工作电流较大，接收机应使用镍镉电池。

表8-1　镍镉、镍氢电池性能比较

	镍镉电池	镍氢电池
电池容量	较小	较大
电流大小	较大	较小
电池的记忆效果	较明显	不明显

现在作为电机电源的充电电池主要是锂聚合物电池（见图8-17）。锂聚合物电池是锂离子电池的一种，由于内部充填的是胶状聚合物电解质，因此称为"锂聚合物电池"（后面简称为锂电池），英文简称是"Lipo"。锂电池具有重量轻、容量大、输出电流大等特点，现在已经成为遥控电动模型飞机必不可缺的动力电池！

图8-17　锂电池

在使用与选择锂电池时应该注意以下几点：

1. 锂电池的电压

锂电池的额定电压为单节3.7V，最高充电电压为4.2V，保存电压为3.8V。由于各个级别的无刷电机使用的工作电压不同，因此锂电池也根据需要，以串联的方式接成一组，两节串联成一组，工作电压是

3.7×2=7.4V，其余规格的以此类推。

2. 锂电池的容量

电池的容量指的是电池储存电能的多少，容量越大，储存的电能越高，工作的时间就越长，遥控模型飞机飞行的时间也越长。但电池的重量、体积、价格也会随着容量的提高而增加，因此选择电池并不是容量越大越好而是根据模型飞机的需要作出适当的选择。电池的容量用"mAh"（毫安时）表示，例如5000mAh的含义是此电池在5000mA电流的输出状态下可以连续工作1小时。

3. 锂电池的放电电流

锂电池的放电电流一般用"C"来表示，1C即1倍率放电，指的是电池容量电流的一倍。例如一块电池容量是5000mAh，如果标称放电倍率是1C，那么放电电流是5A（即5000mA）；如果它的放电倍率是4C，那么其放电电流是5×4=20（A）。

锂电池的放电电流大是其一项优势，但放电电流并不是越大越好，这要取决于电动机工作电流的大小。

4. 锂电池的充电电流

给所有的充电电池充电时都要参考电池的容量以决定充电电流大小。一般快速充电选择的电流可以为容量电流的1倍，例如一块5000mAh锂电池的充电电流为5A，充电时间大概为1小时。

5. 锂电池的缺点及维护

虽然锂电池有不少性能优势，但锂电池自身也有一些缺点。如使用维护不当会损坏电池或减短电池的使用寿命。影响最大的是过充电和过放电，如果充电和放电超过了电池性能极限就会损坏电池，往往表现为外形"变鼓"，因为电池内部的电解质发生了变化，造成锂电池的放电性能降低。因此，使用锂电池充电时要使用合适的充电器，使用锂电池时不要过度放电。此外，缩短飞行时间，调速器的低电压保护标准高一些，锂电池如果长期不用还要将电压放到保存电压（每节3.8V），而且每个月至少完成一次充放电，激活电池的活性。

四、充电器

给电池充电的工具很多，既有便宜、简单的（见图8-18），也有价格贵重、功能复杂的（见图8-19）。

图8-18 简易充电器

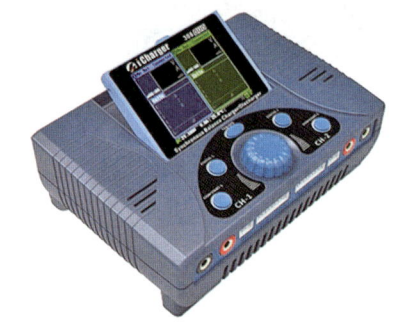

图8-19 多功能充电器

在使用简易充电器时，首先要了解充电器和电池的技术性能。如充电器标识使用电压220V，输出电流50mA。一般常用的充电方式是慢充，即使用电池0.1C的电流充电。

镍镉电池有记忆效应，每次不将电量使用完便保存或长期不使用都会损坏电池，因此每次用后要用专业放电器（见图8-20）将电压放至单节1~1.1V才能进行保存，如长期不用每个月最好进行充放电一次。镍氢电池的使用则没有那么麻烦，但如果是长期不使用，也应该每个月充放电一次，以保持电池的性能。

图 8-21　外场充电

图 8-20　放电器

给电池充电时，一定计算好时间，严禁超时，否则轻者损坏电池，严重的还会发生危险，禁止给干电池充电！

由于一般给遥控设备或电池组充电用的简易充电器充电电流小，充电时间长，而且充足电后不能自动终止，使用起来十分不方便，因此不少航模爱好者喜欢使用智能型快速充电器。智能型快速充电器充电电流可以调节，充电电流比较大，能够在短时间迅速充电，在充足电后会自动停止，而且，不少高级的快速充电器还附加其他多项功能。快速充电器一般使用12V直流电源做输入电源，因此可以夹在汽车电瓶上进行外场充电（见图8-21），如果在室内使用220V交流电源需要连接电源适配器（如笔记本电脑使用的电源，见图8-22）或交流变直流电源（见图8-23）。有些快速充电器本身具备12V直流和220V交流电源两种功能，使用起来更加方便！在选购时应该根据自己的使用情况，如常用的充电电流使用范围、所充电电池的种类等，了解快速充电器的性能后再做合理的决定。

图 8-22　电脑电源

图 8-23　交流变直流电源

快速充电器的种类比较多，但大体上分为两大类，即简易型快速充电器和智能型快速充电器。

1. 简易型快速充电器

简易型快速充电器（见图8-24）也常被爱好者称为傻瓜型充电器，它的使用方法比较简单快捷，但功能比较有限，适合要求不高的场合使用。简易型快速充电器主要是调节充电电流大小来控制充电的时间，并且充足电后可以自动停止。

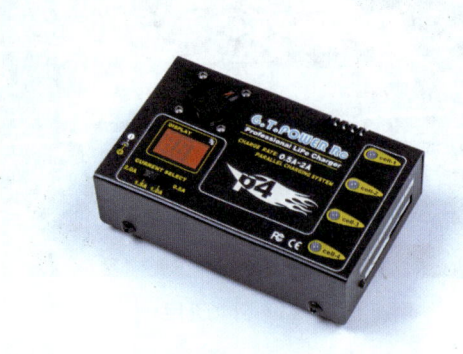

图 8-24　简易型快速充电器

2. 智能型快速充电器

智能型快速充电器（见图 8-25）可以给不同种类的电池充、放电，并且可以随意调节充电电流大小，随时监测充电指标，还具备编程或维护等多项人性化的功能。

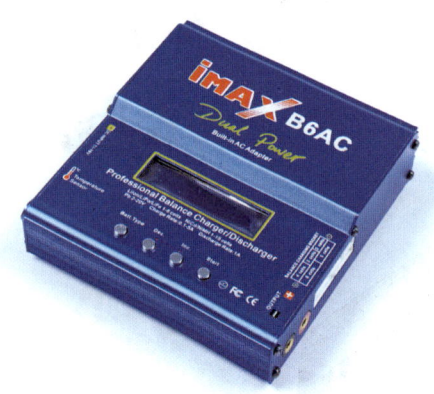

图 8-25　智能型快速充电器

智能型快速充电器一般可以对锂电池、镍氢电池、镍镉电池、铅酸电池进行充电。常见的智能型快速充电器几乎都采用相同的设计，因此使用方法和菜单也基本相同，在此简单介绍一下主要功能：

初始画面及操作。充电器通电开机后，利用 Batt.type/spot 键向下循环选择各项基本功能，利用 Dec 键向上循环选择各项基本功能，每按一次键变换一项功能。

（1）锂电池的充电

利用 Batt.type/spot 或 Dec 键调出如图 8-26 所示画面，此功能为锂电池充电选项。先按 Start 键进入锂电模式，然后利用 Dec/Inc 键上下循环寻找锂电池的各种充电模式，锂电池常用的充电模式如下：

图 8-26　锂电池充电模式

锂电池的普通充电模式（见图 8-27），即充电器只通过电源线的正负极直接对电池充电（见图 8-28），这种充电方式适合给单节锂电池或没有平衡充电插头的锂电池充电，不能对多节串联的锂电池充电。

图 8-27　普通充电模式

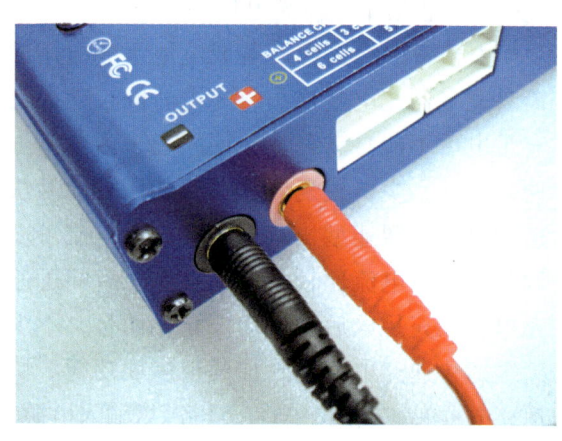

图 8-28　普通充电

平衡充电模式（图 8-29），适合给 2~6 节串联的锂电池充电，充电时不仅要插好平衡充电插口，也要连接好电源插头（见图 8-30）！

图 8-29　平衡充电模式

第八章 电动机、调速器、电池和充电器

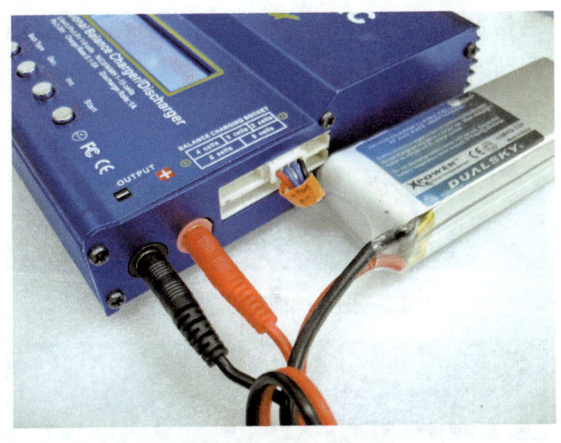

图8-30 平衡充电

快速充电模式（见图8-31），适合短时间内充满电的情况，但这种充电模式一般不能将电池充满。

图8-31 快速充电模式

储存模式（见图8-32），当锂电池长期不用时应使用此功能保存，即电池接入充电器后，充电器会对锂电池进行检测，如电池电压太高充电器会自动适当放电，如电池电压太低充电器会自动适当充电。

图8-32 储存模式

放电模式（见图8-33），对于锂电池，一般不使用放电模式。

图8-33 放电模式

锂电池最常用的是平衡充电模式，当进入平衡充电模式后按Enter/Start键大于2s，出现如图8-34所示的画面，前面显示的"R：3SER"是充电器检测到的电池节数，后面的"S:3SER"表示设定的电池节数，此数字要和前面统一，否则充电器无法工作。可以利用Dec/Inc键调整电池节数。接下来按Enter/Start键，出现如图8-35所示画面，此为充电详情的显示。上面一排三个单词分别反映的是：电池节数、充电电流、充电电压；下面一排分别表示的是：充电状态、充电时间、充电容量。可以进行实时监控。充电时间长短的调整可以通过调节充电电流，按Enter/Start键，此时充电电流显示闪动，表明充电电流大小可以调节，利用Dec/Inc键来调节，调节好后再按Enter/Start键，此时正式充电开始，充电电压、容量、时间等数据都会发生变化。当充电完成后充电器会自动发出连续的提示音并自动停止充电，此时可以按Batt.type/spot键停止充电程序，如想中途停止充电也可以按此键。

图8-34 平衡充电模式设置

图8-35 充电详情

（2）镍氢/镍镉电池的充电

利用Batt.type/spot键调出如图8-36所示画面。按Enter/Start键进入到如图8-37所示画面，按Enter/Start键大于2s，出现如图8-38所示画面，显示充电的各项数据。按前面的方法调整充电电流并开始充电。

图8-36 镍氢/镍镉电池充电模式

图 8-37　充电模式设置

图 8-38　充电详情

图 8-39　镍镉电池放电模式

图 8-40　放电检测

镍镉电池再次充电之前应该放电，以免因记忆效应影响电池性能。用 Dec/Inc 键调出如图 8-39 所示画面，并按同样方法进入到放电检测的画面（见图 8-40），进行各项数据调节与检测，放电完毕充电器会发出提示音并自动停止放电。

第九章
遥控模型飞机的保养与维护

遥控模型飞机在不飞行时,尤其是长期不使用时应该注意保养与维护,正确的保养方法可以延长模型飞机及相关器材的使用寿命。

一、模型器材的保养

(一)模型飞机机体的保养

模型飞机在飞行完毕后,机身上会沾有大量油污,如果不进行清洁会使机身黏附大量污物。每次清洁机身时先用卫生纸将机身表面的油污擦拭干净,然后用盛有甲醇或乙醇的喷壶喷涂机身,再用干净的卫生纸或棉布擦拭干净,机身就清洁完毕。模型飞机保存时不要放在阳光直射或潮湿的环境内,尽量放在干燥恒温避光的环境内。如果是长期不使用,最好能用大塑料袋将模型套起来并扎好袋口,并且在塑料袋内多放些防潮珠或者活性炭吸收空气中的水分,防止木质的机体材料因受潮变形。

(二)发动机的保养

现在的发动机燃料里经常含有硝基甲烷,硝基甲烷易对发动机内部金属零件造成严重腐蚀,因此每次飞行完毕后应该用不含有硝基甲烷的燃料再运转1~2min,使硝基甲烷排净,或使用专用油清洁发动机零件表面,然后将发动机擦洗干净,并用干净的卫生纸卷成小纸卷塞在进气口和排气口处(见图9-1)。

每次飞行完毕,用甲醇冲洗发动机外部,并用干净的牙刷刷净发动机外部的油污,如果不注意清洗发动机外部油污,残留的油污会逐渐变为坚固的积炭而固着在发动机表面,这不仅影响美观,也会影响发动机的散热。对于积炭过多的发动机可以使用积炭清洗剂仔细去除。

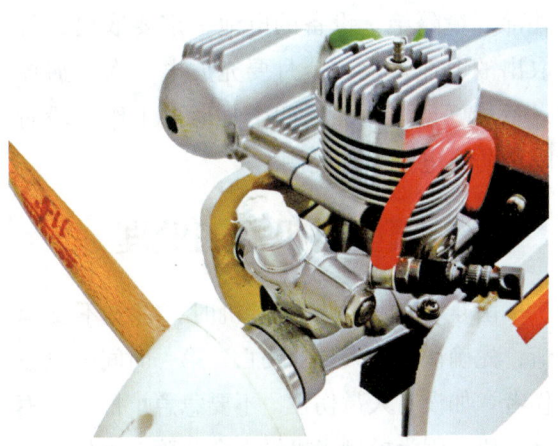

图9-1 用纸卷塞在进气口和排气口

如果打算长期放置发动机,建议最好从模型飞机上拆下来,用甲醇进行冲洗(但不必完全把发动机拆解,可以只打开汽缸盖和机匣后盖,这样既能冲洗干净,操作也简单),然后再给发动机的零件表面、尤其是旋转摩擦的接触面涂抹柴油或一些防锈润滑油(常见的商品有WD-40),这样发动机在长时间不使用的情况下不会生锈和被燃料腐蚀。

如果发动机没有进行正确保养而放置了很长时间,残存的燃料会形成胶质而黏住发动机的各部位零件,这时不要强行转动发动机,应该将发动机浸泡在清洗剂中(如煤油、甲醇等)待胶质软化后拆开发动机,进行细致的清洗。如果发动机的零件生锈了,需要清理锈蚀的氧化层后再使用。如果活塞、汽缸衬套或曲轴等重要的零件表面有较深层的锈蚀,建议更换发动机的零件!

（三）遥控设备的保养

遥控设备要干燥保存，长期不用的设备中的电子部件容易吸收空气中的水分而不能正常工作。在经常使用的情况下遥控设备最好放在专用的手提箱内保存（见图9-2）。手提箱要坚固，内衬海绵等减震材料。长时间不用，应在手提箱内放入防湿珠或活性炭吸收水分，手提箱外面用塑料袋包裹起来与外部环境隔绝。设备的电池一定要取出，且取出的电池每隔一个月要充放电一次，遥控设备最好也要每隔三四个月通电工作一段时间，防止电子元件受潮。

二、模型坠机后的处理

由于种种原因发生坠机时，首先不要惊慌，先确认有无人员的伤亡，第一时间内抢救伤者。如没有人员伤亡，不要急急忙忙寻找模型飞机，因为模型飞机经常会坠落在远处茂密高大的树林或草丛中，如果急急忙忙寻找模型飞机很有可能花费大量时间。应该先站在原地不动，确认模型飞机坠落的方位，并估计好落点的大致距离，然后在落点与人之间再找一参照物，以人和两点之间的连线（即三点一线的方法）去寻找，这样一般都能找到飞机。

当找到模型飞机不要拾起残留物品就走，如果遗落重要的零件日后再来寻找可就大海捞针了！不仅是较大的散落零件，即使认为没有用的木片残骸，也应该一件不落地收拾齐全，说不定在修理过程中，这些不起眼的碎片会起到大作用。飞机机体的损坏应根据情况进行修复，但修复过的模型飞机要保证外形和强度能达到飞行的要求，如果被修复的模型飞机强度有问题，宁可更换一架新的模型飞机，也决不能带着问题飞行！

一般模型飞机坠落后发动机损伤较重，因为发动机在模型飞机的最前部，落地时通常先受到冲击。当捡起摔坏的模型飞机时，不要忙着转动发动机检查是否还能用，因为此时很多污物会进入发动机汽缸、汽化器和曲轴等部位，直接转动发动机会使这些零件受到严重的划伤，因此先要清洗污物，确认发动机内部没有吸入污物才能再次起动。发动机常见损伤还有曲轴被撞弯，如果放在水平的固定位置，慢慢转动螺旋桨，会发现螺旋桨的桨尖不在同一个旋转面，这种情况只能更换发动机的曲轴了！

发生坠机时，遥控设备受到的伤害相对

图9-2 手提箱

要小一些，因为接收系统一般位置靠后并且有减震措施。在保证电池有电并且电路接通的情况下试一下舵，如果舵机正常，要再次严格地拉距离、起动发动机再次测试，确认正常后才能再次使用。如果试舵后舵机不正常工作，首先拆下接收机的晶体，在耳边轻轻晃一晃，如果听到晶体内有极为轻微的碎玻璃碰撞声，说明石英晶体被震碎了，换上一只同频的新晶体再试试。如果一切正常，说明问题就出在晶体上，只要更换新晶体就行了。如果舵机没有反应，再换上新舵机，如果舵机正常工作了，说明原来的舵机出问题了，与接收机无关，如果新舵机也没有反应说明接收机出现问题了。接收机出现问题需要返厂检修，避免擅自维修，发生安全问题！通常接收机如果出现问题可以考虑再购买一只新的接收机，这从成本和安全角度考虑都是值得的。如果是舵机出现问题，例如舵机完全没有反应或跳舵，那么舵机受到的伤害比较大，由于修理的成本高，可以直接购买新舵机。如果舵机摇臂不动，但能听到舵机齿轮和电机按指令在工作，可能是齿轮剔齿了，一般换上新齿轮就可以了。总之，遥控设备出现问题，用排除法确定故障点，视情况修复或更换新硬件就可以了。

坠机之后，一定要严格检查，确保被修复的模型飞机达到了正常飞行的要求，切不可带着隐患上天！